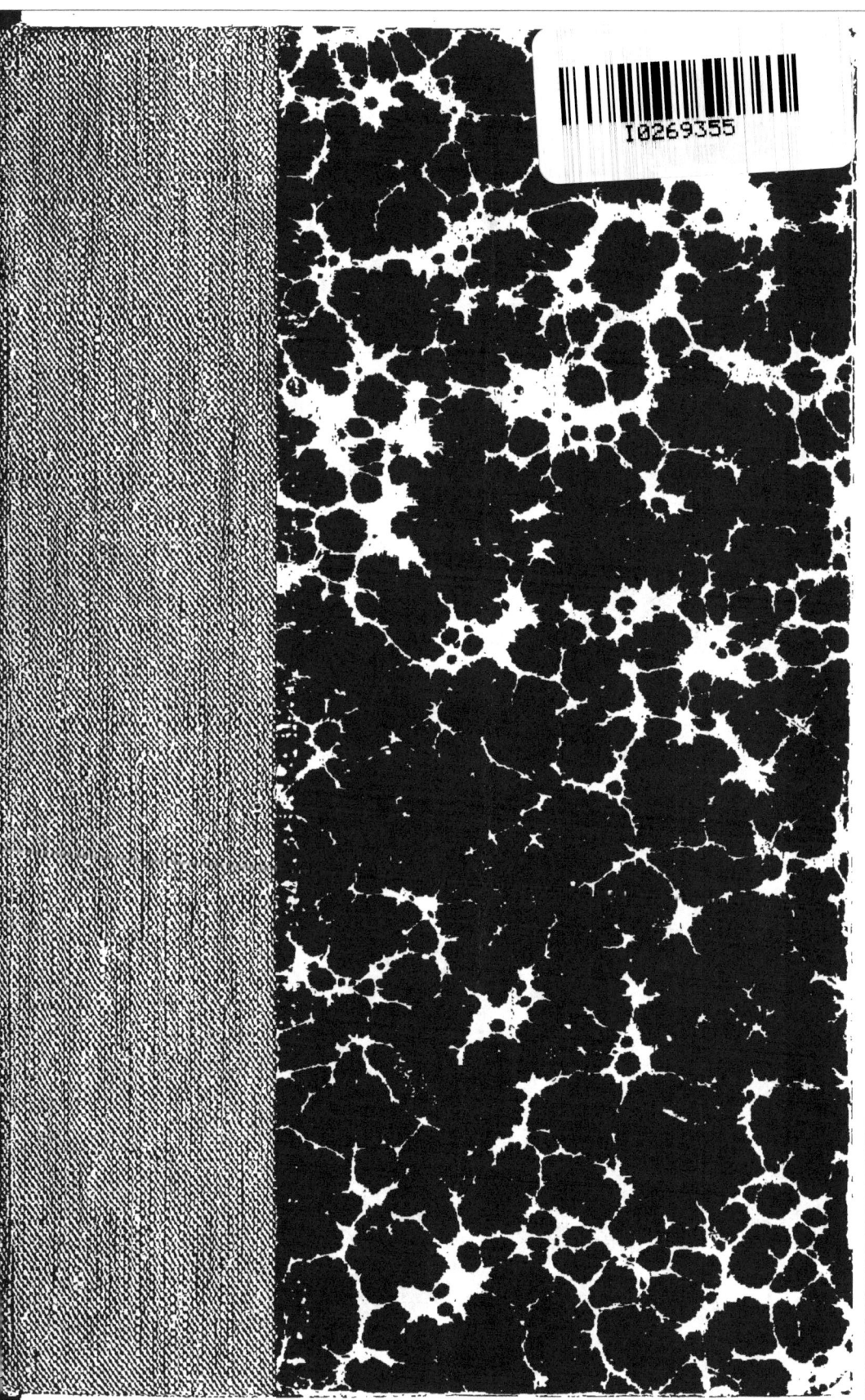

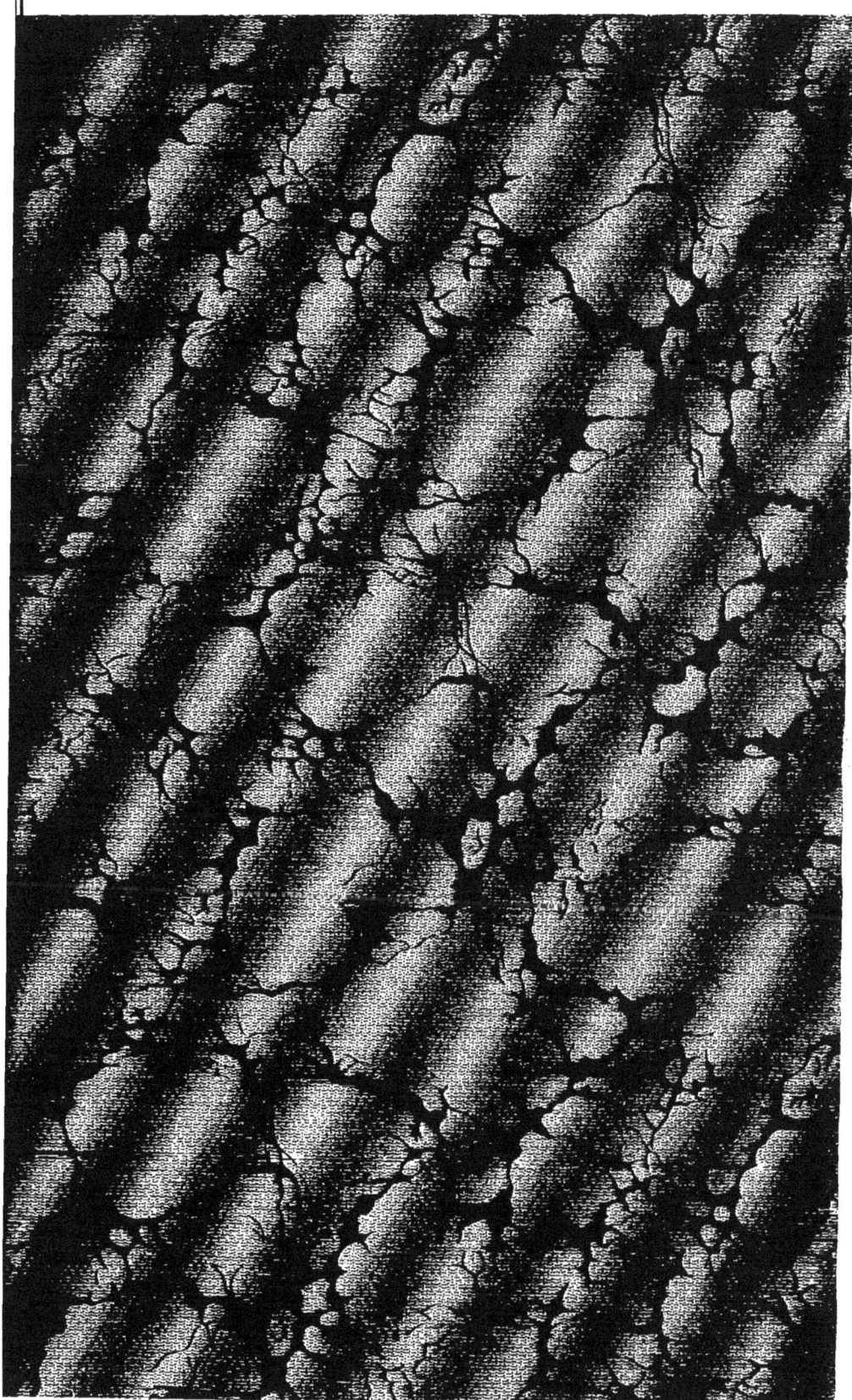

MERTENS REL

La Guerre — Les Récits des Témoins

LIEUT! E. HERSCHER

Quelques Images de la Guerre

AVEC 55 DESSINS DE L'AUTEUR

Préface de
Gustave Geffroy

WOËVRE   **VERDUN**
1915   1916

PARIS, BERGER-LEVRAULT, ÉDITEURS

QUELQUES IMAGES DE LA GUERRE

Tous droits de reproduction, de traduction et d'adaptation
réservés pour tous pays.

Montzéville. Juillet 1916

LA GUERRE — LES RÉCITS DES TÉMOINS

Lieutenant E. HERSCHER

Quelques Images de la Guerre

Avec 55 Dessins de l'Auteur

PRÉFACE DE GUSTAVE GEFFROY

WOËVRE
1915

VERDUN
1916

LIBRAIRIE MILITAIRE BERGER-LEVRAULT

PARIS	NANCY
5-7, Rue des Beaux-Arts	Rue des Glacis, 18

1917

PRÉFACE

Le lieutenant Herscher, avant la guerre, était architecte, graveur, dessinateur, peintre... Le voici artilleur, et il se révèle écrivain. Artiste, il a fait montre d'un goût parfait, s'ingéniant à tracer en toutes choses les lignes de la grâce, prompt et délicat pour harmoniser les nuances. J'ai vu de lui des eaux-fortes finement et profondément mordues, aspects de vieux quartiers, jardins de faubourgs. J'ai vu des aquarelles, des projets de paysages décoratifs, où les verdures, les fleurs, les animaux de la terre et de l'eau révélaient, avec toute la grâce moderne de la France et de Paris, un artiste précis et habile, frère des artistes japonais, apparenté mais non imitateur. J'ai vu toute une maison marquée, du rez-de-chaussée à la toiture en terrasse, de la science et de l'art qui savent édifier l'utile en le fleurissant sobrement de beauté.

Tout cela est d'hier, d'un siècle ! d'avant la guerre ! Depuis trois ans, Herscher est artilleur, lieutenant d'artillerie poussant ses caissons, ravitaillant les batteries des plaines de la Woëvre aux ravins et aux collines de Verdun. Je l'ai revu, aux jours des furtives permissions, toujours le même, fin et pensif, réservé, souriant, causeur tranquille, donnant la sensation, parmi l'action ardente de ces trois années, d'un rêveur attentif. Il rêvait ce petit livre écrit au bivouac, dans les villages de repos, dans les abris souterrains. Je l'ai feuilleté d'abord, pour regarder les dessins, des croquis d'aquafortiste, comme cette église de Flirey, toute déchiquetée, dressée sur un noir monticule entouré d'explosions et de flammes; cette cabane du cuisinier qui fait songer à une cave rembranesque; cette route de Woëvre où la charrette et les soldats passent sous l'averse cinglante; cette féerie de la neige où glissent les formes des soldats en marche dans la blancheur et le silence; cette étendue de champs, de ravins, couronnée de bois et de nuages; ces toits de Dombasle que crèvent les chutes brutales de mitrailles; ces maisons de Verdun éventrées au-dessus de la Meuse; et tous ces bois, ces sommets, ces creux, noirs de nuit, éblouissants de clartés fulgurantes. Notes rapides, choses indiquées, ombres et lumières, apparitions à peine entrevues, vite évanouies, tous ces dessins disent bien où et comment ils ont été conçus et exécutés, en visions brèves des yeux, en traits spontanés de la main, dessins faits sur l'arçon de la selle, sur le genou botté de l'officier, sur la table branlante où est servie la pitance du jour, où s'écrivent le rapport militaire et la lettre aux absents.

Ce n'est pas une révélation d'Herscher artiste que cette réunion de croquis de la guerre, mais lisez au hasard, et voici que brusquement surgit un écrivain. Par un accord singulier, puisqu'il est si rare, l'écrivain et l'artiste se confondent. Sans lourdeur, sans apprêt, sans mise en scène, Herscher reste lui-même en écrivant, et il écrit de la manière la plus pittoresque, la plus neuve, avec sensibilité et humour, évoquant les aspects des choses, les allures des gens, les manières d'être des bêtes, toujours avec le mot exact, avec une phrase qui est à lui, une phrase scintillante et vivante, faite de traits justes et de lueurs errantes. Une notice ne peut citer un livre : il n'y a qu'à tourner la page, tout s'offre au lecteur, il va connaître lui-même en quelles paroles ardentes sont ici fixés les paysages qui déploient leur féerie invincible au milieu des horreurs de la lutte des hommes, et avec quel ton de malicieuse bonhomie sont décrits les êtres aperçus au milieu de ce carnage. Lisez, vous allez voir et entendre rouler les camions, s'allumer et hurler la gueule des canons, s'élancer les avions dans les plaines du ciel, mamelonnées de nuages. Apprenez la psychologie du cheval, du rat, du renard, du chien, des oiseaux. Écoutez parler les soldats, les paysans, les hommes, les femmes, les enfants. Frémissez à l'odeur de fumée mêlée de pourriture. Admirez les paysages trempés de pluie et l'extraordinaire effet de neige qui magnifie de son espace muet le vaste champ de bataille au milieu duquel Verdun saigne héroïquement de ses blessures.

Il est vraiment beau d'oublier sa souffrance, son angoisse, son malheur, pour rendre hommage quand même à la beauté des choses. Théophile Gautier reconnaîtrait un fils de son esprit et de son art chez cet artiste devenu soldat, chez cet officier stoïcien qui n'oublie pas de regarder et de voir, de sentir et de comprendre, sous les duretés de l'hiver et sous le feu des obus. « Quelques Images de la Guerre », dit modestement le titre de ce petit livre. Ces images resteront infiniment précieuses par leur beauté naturelle qui s'ignore, et aussi par l'émotion cachée qu'elles recèlent, la simplicité fière de la pensée qui les anime. Ce petit livre est rêvé, médité, écrit. Il mérite de survivre à la tourmente furieuse d'où il s'envole parmi les éclairs et les tonnerres.

Gustave GEFFROY.

ARRIVÉE

Trondes.
14 juillet 1915.

Me voici dans la chambre que me confère mon billet de logement, en tête à tête avec ma cantine.

Elle bâille, comme si elle en avait assez du long voyage.

Ou plutôt elle entr'ouvre un œil et inspecte les objets et les êtres, nouveaux pour elle comme pour moi.

On m'a donné, dans cette maison de paysans aisés, mais pas très propres, la chambre sur rue. Qu'eût été l'une de celles qui donnent sur les communs ? J'en ouvre la fenêtre, pour atténuer les odeurs encloses depuis longtemps. A la cuisine et à l'écurie, elle emprunte un bouquet de forts parfums où fleure, en sourdine, un composé de moisissure et de crotte de souris.

On y accède par la pièce centrale, « à la Flamande », cuisine-salle à manger-dortoir. Il y flotte un triste jour tombé du plafond exhaussé en lanterneau, poche hermétiquement calfeutrée où se recueillent tous les relents du fourneau et de l'étable.

Mais je sortirai par la fenêtre, en enjambant l'allège.

En attendant, nous faisons connaissance, les objets, qui sont chez eux, dans la chambre, et moi, l'intrus.

La vieille armoire me regarde avec bonhomie. Je lui fais un signe de bienveillance nuancé de respect. Elle est « à l'épi », de bonne souche lorraine.

Avec les autres, petits farauds de pacotille (française, hélas! autant que boche), nous ne sommes point faits pour nous entendre.

Nous nous dévisageons froidement.

J'aime mieux m'intéresser au spectacle de la rue.

Elle est bien lorraine, elle aussi, toute de maisons tassées, épaule contre épaule, sans le moindre défaut de continuité. Un seul toit plat, aux tuiles à la Romaine, semble couvrir une seule façade indéfinie qui ne s'arrête, tout au loin, qu'avec la rue. Une rangée de petits visages vieillots, sous le même bonnet. Ils portent, en guise de sautoir ou de pendants d'oreilles, qui, une clef sculptée, qui, un calvaire naïf, un fronton où s'inscrit une date : 1600 ou 1700.

En bordure des maisons, les chevaux, à l'attache pour le pansage, encadrent le défilé continu, dans les deux sens, des convois, des colonnes en marche, des ambulances, que le front échange incessamment avec l'arrière et qui passe, marche, se pousse et roule avec un grincement de chaîne sans fin mal graissée.

Et, parce que c'est aujourd'hui le 14 juillet, les filles du pays se réunissent autour des fontaines, ont leurs cheveux mieux peignés sous la « hâlette » d'été, mêlent leurs voix chantantes à celles de nos artilleurs, gens du Béarn et du pays basque, au parler sonore et caillouteux tout à la fois, comme les eaux d'un gave. Les « Diou vivant! » jaillissent, à la grande joie des marmots rieurs et mal lavés qui leur font écho de leur plus grosse voix.

Dans la détente de l'inaction, de vieilles gens aux yeux durs s'ennuient devant leurs portes, contemplent sournoisement la place vide où surissaient les juteux fumiers de jadis, dévisagent les soldats (responsables de l'enlèvement) d'un air peu tendre.

Un groupe de réfugiés racontent, pour la centième fois, les pauvres, leur fuite des villages d'alentour, qui sont détruits, tendent encore l'oreille à la canonnade qui semble les poursuivre...

Quand la nuit fut tombée, j'ai gravi à tâtons la côte grimpante, jusqu'au plateau qui domine le pays.

Là se déroulait un beau spectacle de fête nationale.

La vallée s'enveloppait de nuit, comme d'une étoffe cendreuse bordée du velours noir des bois, jusqu'à la rampe rougeoyante d'une vaste scène circulaire.

Il s'y jouait l'hallucinante féerie des fusées éclairantes, en jets isolés et languides, en scintillements trop vifs d'étoile fixe qui ne pourrait supporter tant de splendeur et retomberait enfin épuisée, en frise tracée par des aiguilles tissant une laine incandescente, en bouquets de tiges frénétiques, comme des hydres dressées se mesurant de leurs yeux éclatants...

Et les seules voix qu'on entendît, dans la torpeur de la campagne, étaient rauques, brèves ou profondes, bondissant parfois l'une sur l'autre en aboiements de bêtes aux prises, en coups sourds frappés contre un mur, un mur qui résiste à la poussée de part et d'autre.

C'est ainsi que j'ai connu l'approche de cette zone pleine de fièvre et de mystère, vers quoi je n'ai fait encore que le premier pas...

PRÈS DES LIGNES

Juillet 1915.

Visite à l'équipe de nos travailleurs qui creusent des boyaux de communication en face de Seicheprey ; visite d'autant plus de circonstance que leur cantonnement de Mandres a été bombardé hier. Il y a eu des tués et des blessés. Il importe de procurer aux autres de nouveaux abris, d'une profondeur suffisante.

Nous parcourons la route en auto. La campagne semble vieillir à vue d'œil. Elle était encore fraîche comme une saine paysanne à l'entrée de ce dernier village habité ; la voici, qui progressivement, devient caduque, se couvre de rides, se courbe sous le suaire qui va l'ensevelir.

Un hiver précoce et contre nature sévit sur les pierres comme sur les feuillages.

A perte de vue s'étalent les anciennes cultures livrées à elles-mêmes, depuis plus d'une saison ; un lamentable tapis usé, déchiré. Une lèpre s'y est incrustée, qui est la poussière des routes. Soulevée en écharpes ou en brouillard, elle y sème partout son grain stérile.

Nous sommes, nous-mêmes, revêtus de cette livrée grise qui rend anonyme tout vêtement et tout visage.

Anonymes aussi tous ces murs des villages ruinés.

C'est la même trace de suie dans les mêmes âtres démolis.

Anonymes les petits tas humains à l'entrée des caves ou des abris, tristes êtres falots, venus là se reposer du labeur de la tranchée.

Dans ces visages, ternes pour la plupart, une seule chose frappe, l'éclat du regard.

Il est fiévreux, indéfinissable dans son « rentrant », ne ressort que pour vous scruter au passage, se heurte avec un certain défi à la placidité du vôtre qui ne connaît que par à-coups ce qui fait la hantise du leur. Il vous poursuit et vous gêne, ou bien vous abandonne avec un mépris un peu las.

Qui n'a pas ressenti quelque chose d'approchant, lors d'une visite dans un hôpital ou dans l'usine, où brûlent et suent les travailleurs des métiers du feu?

Quelques civils encore, dans les masures restantes, trouvent intérêt à subsister côte à côte avec la troupe. Il n'y a plus de vache dans la grange; les instruments de culture sont remisés ou broyés depuis longtemps, mais il y a, à l'usage du poilu, le tonneau de « pinard » toujours renouvelé. Il faut croire que cela vaut bien les risques du bombardement. A d'aucuns semblent louches de tels séjours si près des lignes, alors que l'espionnage fleurit toujours après tant de mois de dures expériences!

A Bernécourt, comme il sied, l'église a payé son tribut au bombardement. Elle n'était certes pas un chef-d'œuvre, mais il y a des gens laids ou communs dont les traits s'ennoblissent d'une blessure.

Celle-ci a été large, quasi mortelle.

Par le vide des reins défoncés, le jour tombe à flots.

Quelques piliers de l'abside retiennent encore leur part de voûte. Cela suffit à faire un dais à l'autel encore intact. Tous les ornements du culte y subsistent. Quelques-uns, hélas ! d'un clinquant agressif, que la main du vieux bon Dieu a dû épargner sciemment, les reconnaissant comme issus, eux et lui, de la même fabrique. Mais enfin, un touchant décor d'oriflammes, de chandeliers, de vases fleuris, et, pour qui veut s'arrêter en passant, l'invite de ces quelques bancs posés sous le ciel même, qui est maintenant la seule voûte du temple...

Si le bon Berger a été frappé au milieu de son troupeau, il a vu, au surplus, le massacre de ses brebis. Elles ont, en expirant, exhalé une âme douce. Dans un village proche, j'en sais une à qui elles ressemblaient. Celle-là garde, à sa porte d'entrée,

Mandres-aux-Quatre-Tours. — Fontaine dans les ruines.

une clef de pierre blanche où s'inscrit en caractères légers : « Entre en joye, sors en paix. 1720. »

D'autres prêtent leurs flancs ouverts à des abris précaires, mais qui sont, pour qui sort des tranchées, des nids pleins de confort.

En voici une dont le seuil encadre un poilu fumant sa pipe, en béat propriétaire. Dans le fond on aperçoit sa « chambre », un taudis jonché de paille louche et de débris ; mais la gouaillerie de ces gens-là pousse comme une giroflée sur un vieux mur ; un : « Essuyez soigneusement vos pieds avant d'entrer » se lit, à la craie, sur la porte.

Au delà des ruines qui ceinturent le village, c'est maintenant la plaine bordée de bois (les derniers avant les lignes) où piochent nos hommes.

Dans le bois de La Hazelle, un village encore, mais celui-là tout artificiel. Il s'abrite dans la carrière de Flirey, arrondissant le dos sous l'averse des projectiles. Dans la contre-pente c'est une agglomération de cagnas à fleur de sol ou enterrées, reliées par de minuscules chemins, des ponts joujoux qui semblent l'œuvre d'un artiste chinois en verve d'arrangements imprévus. Le plaisant y côtoie (nous sommes en France ici, bien qu'à quelques centaines de mètres des Boches) le sévère et l'utile. Des pots de fleurs encadrent des portes dont le dessus se pare de têtes de sangliers naturalisées, de cornes de cerfs agrémentées d'inscriptions gauloises, d'un tas d'attributs de pacotille glanés dans les décombres de Flirey.

Là se tiennent les conciliabules de l'action journalière. On y trouve tout ce qu'il faut pour vivre tant bien que mal dans d'assez confortables tanières, pour s'y reposer, même définitivement, s'il faut en croire le voisinage bon enfant des locaux à travailler, à dormir, des cuisines et du petit cimetière de rigueur.

Il manquerait à l'atmosphère qui baigne tout cela son sel, sa raison d'être, si elle ne résonnait pas, comme un champ clos toujours ouvert, des ferrailles adverses qui s'entre-croisent. Il vient y mourir les sifflements d'insectes des balles à fin de course...

J'ai regagné, avec un certain regret, nos régions plus placides où l'air ne vibre plus, comme là-bas, avec la même acuité, mais éteint le coup, le roule et l'endort...

Ceci était le samedi. La semaine finissait sur la bouderie du temps tristement terne. Le lendemain, ce ne fut pas dimanche dans le ciel...

Un horizon circulaire où naissent instantanément de petits flocons tirebouchonnant, s'effilant, crevant comme des bulles sonores dans une eau trouble, des colonnes grises nées de la terre, couronnées d'écharpes d'un jaune maladif, qui se traînent dans le vent mou ; puis, dès le début de l'après-midi, un énorme nuage au lointain, sur lequel les arbres du bois de Mort-Mare se détachent en clair.

Il émane, par conséquent, de la terre ennemie et révèle un immense incendie qui s'amplifie d'heure en heure.

La masse arrondie, faite de volutes agglomérées, semble porter un toit qui s'allonge indéfiniment dans le ciel, y propage les

L'église de Flirey. Juillet 1915.

teintes fulgurantes du couchant, se ternit en tournant au plomb fondu, puis fait un crêpe à la lune naissante.

Combien de têtes, chez les nôtres, sont restées obstinément levées tout le jour? Les interrogations, les suppositions allaient leur train :

— Où ça chauffe-t-il? On dit que Mort-Mare brûle. Bonne affaire, s'ils n'avaient pas le temps de déménager!

Quels rires de satisfaction vengeresse à l'adresse de la vermine boche que l'on suppose pétiller dans la fournaise!

— Mais non! ce n'est pas Mort-Mare, c'est plus loin.

— Je vous dis que c'est Pagny-sur-Moselle, je viens de Toul et l'on en parle à l'Aviation. C'est l'un des nôtres qui a incendié les réservoirs de pétrole.

Bravo donc pour l'aviateur qui, d'une bombe bien placée, a déchaîné ce phénomène volcanique...

A L'AVEUGLETTE

Juillet 1915.

En file indienne, nous avançons à l'aveuglette, à travers une plaine que la nuit opaque semble rendre infinie. Le lieutenant de S... dirige notre petite colonne, trouve les passages dans les réseaux de fils de fer, ne lâche point d'un pas la piste qui mène les seuls initiés, du bois du Jury à l'abri du projecteur. Lui sait bien où le trouver cet abri dont il m'a souvent parlé et qui réalise, même en plein jour et en terrain découvert, le type de la cachette irrepérable. A l'heure qu'il est et par ce temps bouché, les yeux d'un chat distingueraient malaisément de quoi est fait le sol. Seuls les pieds, dans leurs déséquilibres soudains, nous révèlent les entonnoirs qui, journellement, changent de place et de volume.

Le front est calme. En sifflements presque alanguis passe la course fantasque des balles perdues.

Un bruit de terre remuée, de cailloux sonnant sous la pioche et, sans qu'on les ait soupçonnées à cinq mètres, des ombres font soudain des taches mouvantes plus noires encore que le ciel. C'est l'équipe affectée au creusement des boyaux. Un « Diou vivant! » proféré à notre approche m'apprend que ceux de ma section sont là parmi les travailleurs. Quant à mettre un nom sur ces fantômes!...

Eux dépassés, c'est, de nouveau, l'avance en plein mystère, et quand de S... m'arrête enfin, en me disant : « C'est là! » mes yeux qui, cependant, sont bien faits aux ténèbres, ne trouvent rien sur quoi se fixer. J'entends de S... qui rit de mon tâtonnement maladroit :

— Eh bien! ne voilà-t-il pas un beau jeu de cache-cache?

J'avoue que cela est parfait dans son genre. Peut-être aurais-je, tout en cherchant, bien vainement tourné en rond, si mon oreille n'avait été frappée par un son très insolite dans la lourde gravité de l'heure et du silence. Je m'immobilise dans l'écoute. C'est une un peu plaintive musiquette, comme voilée, qui monte mystérieusement de la terre même. J'approche encore. De languide, la mélodie se fait sautillante et puérile comme l'âme d'un elfe. C'en est un peut-être qui, de la geôle souterraine où l'a lié quelque fée jalouse, module vers nous son appel...

Je ferme les yeux pour voir encore plus noir et plus lointainement en moi-même; j'y retrouve le souvenir nostalgique d'une ballade de l'ancien temps... Je les rouvre et promène sur le sol une aveugle interrogation, et voici qu'à mes pieds mêmes je découvre, comme une escarboucle enchantée perdue dans l'herbe, une fente lumineuse.

— N'avancez plus! vous allez marcher sur la trappe!...

Une minute après je me laisse happer, à la façon d'un personnage de mélodrame, par le vide de la terre entr'ouverte. A quelques mètres de profondeur, dans une chambre plafonnée d'épais rondins, fument et jouent aux cartes, à la lueur d'une chandelle, un groupe de poilus du génie. L'un d'eux, qui vient au-devant de son lieutenant, tient encore à la main une de ces flûtes de Pan de bazar que les enfants promènent en soufflant sur leurs lèvres. C'est l'elfe captif du souterrain. Il tend prosaïquement la main à la distribution des lettres et des paquets divers qu'apportent aux enfermés leurs camarades venus avec nous pour la relève.

Après vérification et manœuvre (sans allumage) du projecteur, et pendant que de S... donne au sergent quelques explications sur le service, j'ai tiré mon carnet de ma poche pour noter l'effet étrange qu'ils font tous deux avec cet éclairage à la chandelle...

Le vallon de Flirey. Juillet 1915.

Dehors, le front est sorti de sa torpeur. Des éclatements épars vrillent le sol qui frémit comme une chair blessée ; mais, dans notre profond et sûr abri, nul n'y prend garde, jusqu'au moment où la persistance insolite, parmi les bruits coutumiers, d'un ronflement intense, étonne et retient l'attention. Quel puissant moteur peut changer ainsi notre souterrain en boîte sonore ? Intrigué, l'un des hommes se lève, monte dans le couloir de sortie et crie :

— Un zeppelin !

Toute lumière éteinte, nous grimpons, à la façon des ramoneurs. Nous voilà réunis sur le « toit de la maison » à regarder là-haut, cherchant le monstre qui ne se trahit toujours que par son ronronnement mécanique.

Mais la nuit a soudain changé d'aspect. Des groupes d'êtres qui veillaient sournoisement dans les ténèbres, les signaux de l'alerte ont jailli, faisant se hérisser, une fois de plus, les adversaires l'un contre l'autre. Des fusées montent, nous surprennent dans leur lumière nue qui étend sur le sol plat nos ombres gigantesques.

— Attention! crie quelqu'un; c'est les fusées boches!

Nous nous aplatissons derrière les maigres buissons.

— Mais alors, si c'est les Boches qui éclairent, ça n'est pas un zeppelin...

Cependant le vrombissement continue à remuer les hauteurs, semble décrire un large cercle.

— Eh non! voyez! Voilà les projecteurs d'Hattonchâtel qui donnent!

L'idée ne nous était pas venue, il faut l'avouer, qu'il pût s'agir d'un dirigeable français. Et cependant voici qu'à leur tour les projecteurs du côté de Thiaucourt croisent leurs feux avec ceux d'Hattonchâtel. Pendant un moment ils ont tenu leur objectif; un long fuseau aérien luit comme le ventre d'une ablette. Il s'en détache comme des écailles phosphorescentes qui s'irradient en fleurs éclatantes, avant d'atteindre le sol. Il s'élève alors des lueurs écarlates d'où pointent des flammes en langues aiguës.

— Ça, c'est du bon travail sur Vigneulles... Bravo, le Français!

Notre angoisse un peu frémissante accompagne maintenant l'aéronef dans sa périlleuse aventure. Échappé aux projecteurs, il ne se distingue plus que par la ceinture étoilée des éclatements qui encadre son vol, monte et descend, tourne avec lui et le poursuit, et ne l'abandonne que lorsque, enfin hors de portée, il regagne son nid, tel un oiseau nocturne qui rentre repu et las d'avoir mis à mal une bande de rats...

LE RAT

Bois du Jury.
Août 1915.

EH BIEN ! maintenant que vous voilà en sûreté, me dit le lieutenant de S..., je vais vaquer à mes affaires..., au projecteur que vous savez. Nul besoin de vous dire qu'ici vous ne serez dérangé par personne... Prenez vos aises !

— Dame ! un abri pour moi tout seul !

— Et construit, comme à votre intention, par les Boches, quand ils occupaient le bois... Je reviendrai donc vous prendre au petit jour, pour gagner Flirey... Ah ! vous avez votre lampe électrique ? Abstenez-vous de l'allumer dehors, ça pourrait être malsain...

— Entendu! Et puis les nuits sont courtes; à bientôt...

— Bonne nuit, hein! et pas de mauvais rêves...

De mauvais rêves? non; pas même de bons, la nuit, en définitive, s'étant passée sans sommeil aucun.

Je me suis enfermé, glissant sur les talons, dans ce trou sous la terre, comme un renard qui rentre chez lui. Électricité. Le logis est vide et bien à moi seul. La paille louche est brisée par trop de contacts avant le mien. Elle sent l'abandon et le moisi.

J'ai entendu les pas de S... décroître dans le lointain.

J'ai d'abord écouté le silence, ce silence des nuits sur les lignes, crevé, de temps en temps, par la grosse voix des crapouillots.

Puis de petits bruits secs m'ont gêné, comme si quelqu'un, là au-dessus, faisait craquer les buissons. Mais c'étaient les balles venues des tranchées de Mort-Mare, cassant les brindilles.

Enveloppé dans mon manteau, la lampe éteinte, je berçais dans mon cerveau sommeillant le souvenir des nuits passées jadis dans les refuges de la montagne...

Un bruissement, venu cette fois de l'intérieur, me fit ouvrir les yeux dans le noir. Frôlements dans la paille avec des piaillements comme de très petites poulies rouillées. Bon, il y a des rats, naturellement. Contact, le long de la jambe, de griffes légères, énervantes... J'avais pris dans la main droite ma lampe électrique en guise de revolver.

Un jet de lumière comme un coup de feu, et je vis la cabriole que fit mon assaillant. J'admirai la souplesse de ses reins détendus dans le bond.

Les ténèbres retombèrent sur cette première passe, mais je restai les yeux ouverts et sur mes gardes.

Je distinguais dans le noir l'arabesque décrite par deux pointes phosphorescentes dont la courbe redescendait vers moi — au-dessus de moi, plutôt. Mais il marchait donc au plafond, le sorcier? Oui, car un nouveau coup de lumière me le révéla accroché de ses griffes à deux pieds de ma tête, le cou renversé et tendu, les incisives menaçantes.

Il glissa, le dos en bas, comme collé au bois par le ventre, avec la vitesse d'une flèche grise. Puis, s'étant rétabli, en acrobate, sur la sablière basse, il se tapit dans l'ombre.

Je distinguais le bout de son museau et ses moustaches qui frémissaient.

J'avais eu le loisir d'apprécier la taille de la bête.

A quel innommable charnier devait-elle ce ventre rebondi, le jeu nerveux de sa musculature ? Tout s'éclipsait, dans le logis, devant ce maître incontesté de la rapine. Une bande de comparses évoluait dans sa sphère, mais en satellites tenus à distance, quêteurs de restes.

Le temps passa ainsi à nous guetter l'un l'autre, à déjouer nos ruses réciproques.

Enfin, comme las d'essuyer, à toutes ses tentatives, le feu de ma lampe électrique, il parut renoncer à l'attaque, et je m'assoupissais quand une lente pesée au-dessous de ma tête me fit me dresser en sursaut, dans le dégoût du contact assuré avec l'immonde bête...

J'étais battu. Je m'assis, résigné, comptant les heures, puis les longues minutes, jusqu'à ce qu'un bruit de pas, à l'origine du boyau de sortie, m'eût annoncé mon compagnon de route. Comme adieu, j'envoyai dans la paille un coup de pied rageur, pensant qu'*il* était là. Rien n'y bougea, mais je crus voir, hors de portée, dans les branchages du plafond, briller encore, en guise de défi, deux pointes phosphorescentes...

LA RUINE

Flirey.
Juillet 1915.

Quel frontispice symbolique ouvre l'arche brisée du viaduc à ce ravin de la désolation ! Quand je la franchis pour la première fois, dans le chaos de la nuit finissante, je quittais la route inhospitalière qui défile devant les sinistres fourrés de Mort-Mare ; un nom aux résonances funèbres...

L'arche barrait durement de son geste noir, pétrifié dans une agonie déjà ancienne, le ciel qui pâlissait vers l'orient. Les échos de sa voûte répétaient nos pas remuant les pierres croulantes, le sifflement sempiternel des balles.

En bas, noyé dans l'obscurité protectrice, cheminait le sentier vers la morne solennité des ruines.

De ce qui fut le village, il reste un bloc de nuit solidifié formant piédestal au squelette de l'église. Son clocher, rongé par le bas, semble la tête d'un sphinx qui veille sur le secret de la dévastation.

Son noir basalte commençait à se pourprer aux angles.

Le vallon, à son tour, sortait peu à peu de ses limbes.

A gauche, des abris recélaient des larves humaines endormies dans des loques couleur de terre, se confondant avec la terre même.

A droite, une théorie de tertres indécis, d'humbles croix de bois toutes semblables.

Le sommeil de ceux qui étaient encore des vivants semblait réchauffer la place où la terre s'entr'ouvrirait, peut-être tout à l'heure, pour les recevoir au sommeil des morts...

Flirey, juillet 1915.

Mais voilà que toute cette cendre se glaçait d'aurore. L'afflux du sang du jour revivifiait le visage de cette misère.

Et quelle surprise, lorsque le soleil, sorti de sa gangue de brume comme un beau fruit, tira de ces tristes éléments une symphonie toute de fraîcheur ! Toute brûlure paraissait rose, toute cassure neigeuse, et comme l'église est toute cassure, elle était toute neige.

Et voici qu'au moment où la ruine atteignait le maximum de son éblouissement, un fracas glorieux annonça la victoire de la lumière !

Un de nos canons, tapi sur la hauteur de droite, sonnait le réveil. On eût dit le cri du coq guerrier. A son appel de défi s'éveilla le piaillement d'une terrifiante basse-cour...

... J'y suis retourné et y retournerai encore, attiré par l'étrangeté et par la grâce (oui, la grâce) qu'offre l'effarant équilibre du clocher.

Le cimetière de village (non plus celui du vallon, où ne sont que des tombes de combattants), qui dormait au flanc de l'église, a eu son sommeil troublé par la chute de maints obus. Ils font ici, dans ce sol dépositaire de tristes déchets, l'office de sangliers retournant un champ de céréales. Il n'y a plus, pour les morts eux-mêmes, qu'un repos provisoire.

Le cimetière paraît s'être étendu, faisant siennes les pierres de la terrasse, les transformant en cénotaphes où se gravent des caractères inscrits par la mitraille. Tombales, elles aussi, ces pierres ont l'ombrage pleureur qui leur convient, dans les bras fracassés et retombants des arbres.

Incessamment la fusillade crépite et claque autour de moi. Elle a fait barrage à mon désir de me glisser jusqu'au Calvaire, dont la tragique silhouette se dresse parmi les tombeaux.

A la seule branche qui reste de la croix pend le bras droit du Crucifié, avec un morceau de l'épaule, comme à l'étal d'une boucherie.

Tout le restant du corps, avec la tête, a roulé dans la poussière, comme vaincu par l'inutilité du sacrifice divin, pour ne plus voir le blasphème des hommes. Il n'y a plus que le bras qui subsiste, mais son geste est-il de maudire ou de bénir encore ? et sera-t-il là, d'ailleurs, lorsque je reviendrai ?...

Une route en Woëvre. Décembre 1916.

ROUTES DU FRONT

Septembre 1915.

Ces routes du front, si mornes pendant le jour, charrient, la nuit, un torrent ininterrompu de choses trottantes, roulantes, trépidantes, qui sont comme les anneaux d'un long serpent se glissant dans la poussière soulevée et nacrée par la lune.

Souveraine maîtresse de ces lieux, la poussière née de la boue, où elle retournera par l'effet d'une sempiternelle métamorphose, met son sceau sur tout objet qui stagne ou bouge : champs, pierres, véhicules, visages des hommes.

Chaque face apparue porte le masque falot d'un pierrot d'espèce nouvelle, à joindre aux tiens, Laforgue, qui pensais les avoir chantés tous !...

Précédées d'un bruit de grain écrasé, des faces blêmes passent, grises dans le gris des manteaux, enveloppées de haillons poudreux.

Il y en a de somnolentes sous les bâches des chariots, d'autres secouées au trot de leurs montures; elles apparaissent, s'agitent et disparaissent comme des fantoches suscités par la fantasmagorie lunaire.

Parfois, au milieu de leur train-train, surviennent en trombe les gros camions entourés de tapage, devant quoi tout doit se ranger sous peine d'être anéanti.

Réveillée en sursaut, la troupe endormie des carrioles tire précipitamment à droite, se fait toute petite, jusqu'à basculer dans l'ornière des bas côtés. Tout disparaît dans le sillage de vingt moteurs en poursuite déchirant les plis soulevés de la robe routière.

Eux passés, on peut, longtemps après,

ouvrir un œil qui pleure, tenter une aspiration qui gratte à la gorge.

On distingue, en contre-bas de la route, tels de gros cloportes au bas d'un mur plâtreux, à quoi se mêleraient des vers luisants, un amas de formes noires piquées de petites braises. Vue de plus près, c'est une halte de fantassins dont certains fument la pipe; seule chose qui s'immobilise et qui se taise, dans la détente de la halte horaire, parmi la mouture tourbillonnante que broie la roue d'acier de la nuit.

NOCTURNE

En ravitaillant au bois de V...
Août 1915.

Le clair de lune est actuellement le compagnon de nos courses nocturnes. L'une des dernières m'avait conduit au cœur boisé d'un vallon noyé de nuit.

Tout s'accordait, et l'apparition des ombres surgies de dessous les feuillées, et l'heure de la nuit propice aux conjurations, pour faire naître dans l'imagination les lignes d'un prélude romantique.

Mais de quelle modernité aiguë la symphonie barbare qui vint à éclore brusquement dans cette rêverie!

Des projectiles frappaient le revers de la colline, comme un poing maillé de fer une poitrine frémissante.

Leur retentissement de gong brisé (j'évoquais le conte de Poe, le martèlement des portes de bronze dans les souterrains de la maison Usher !...), les silences rayés de glissements dans les airs, de déchirures dans de la soie ; puis le tumulte de larges dissonances résolues au gré des vents et des échos en cascades de sons musicaux ; le tintement cristallin des chaînes d'attelage au poitrail des chevaux, chaque fois que roulait vers eux la gamme bondissante ; le hululement d'une chouette épeurée qui fuyait ; puis le silence encore, fiévreux d'attente, et sur tout cela la vaste nappe lunaire, d'un calme sidéral...

RAOUL

Trondes.
Septembre 1915.

Les chevaux sont rentrés de la promenade et de l'abreuvoir. Ce n'est pas encore l'heure de la soupe. Tout en surveillant la distribution du fourrage, on voit défiler les scènes de la rue.

Les deux aumôniers passent. L'abbé S... porte la barbe en pointe et le bonnet de police à trois galons. Il a le geste vif et tire par saccades sa chaîne de cou où pend la croix. Il donne une claque affectueuse à sa jument Betsy qu'il vient de désenfourcher, puis la renvoie à l'écurie d'un geste paternel, un peu sacerdotal, comme il aurait dit : « *Ite, missa est.* » Le pasteur B..., appuyé sur sa bécane, montre une figure rose et blonde. Il s'éponge parce qu'il y a loin des tranchées jusqu'ici. Lui porte la croix sur son képi, entourée d'une belle inscription en lettres d'or : « Aumônier protestant. » Un peu contrôleur de wagons-lits cette coiffure, mais il l'a changée depuis. Deux hommes excellents et qui font popote ensemble.

L'épicerie B... ouvre sa porte. On retrouve, en montre, deux saucissons, toujours les mêmes. Ce sont des figurants. Leur forme indécise vient du manteau de mouches qui les vêt.

Les deux demoiselles B... commencent à vaquer aux affaires de la maison. L'une consulte l'heure au clocher, avant de laisser entrer un soldat poudreux dont les flancs s'arrondissent sous l'accumulation des bidons assoiffés de pinard. L'autre remonte une mèche en désordre descendue sur ses yeux (qu'elle a jolis), tapote un balai, bâille et rentre précipitamment, parce qu'elle a vu s'approcher de jeunes aides-majors et qu'elle

L'ordinaire.

ne veut pas être surprise en négligé sous le
soleil qu'il fait.

Une voisine glousse comme une poule.
Elle est aux prises avec le capitaine G... à
propos d'un phénomène bizarre qui arrive
très souvent à sa charrette lorraine. Cette
charrette a quatre roues et roule quand il
s'agit d'aller aux champs faire travailler les
soldats, et n'a plus que trois roues et ne
roule plus quand ces mêmes soldats la demandent pour aller faire leur bois.

— Et que voulez-t-y qu'on y fasse, Monsieur le Capitaine, si nôt' charrette elle est cassée ?

— Moi, je ne veux pas qu'on se f... de mes hommes, déclare le capitaine G...; eux aussi, ils auront une roue cassée la prochaine fois que vous aurez besoin d'eux !

Un groupe de trois bambins descend la longue rue du village en musant. C'est Raoul qui mène ses deux sœurs à l'école.

Ce qui distingue Raoul de tous les enfants du pays et de ceux d'alentour, ce n'est pas la rondeur remarquable de son gros petit bedon et de ses joues (frottées d'ailleurs d'une crasse indélébile), non, c'est sa rutilante culotte de zouave. Très fier, il en augmente encore le bouffant en tirant sur ses poches. L'aînée de ses deux sœurs l'admire. L'autre, non. C'est une espèce de chiffon à tignasse jaune, amorphe, que Raoul traîne comme il ferait de son lapin à roulettes ou du seau à charbon.

Raoul prolonge manifestement le temps qu'il faut pour descendre la rue du village. Aussi, elle est pleine d'attraits. Tous ces chevaux ! Et puis cette familiarité avec les hommes, qui lui donnent, en passant, une tape amicale dans le fond de sa culotte de zouave !

Soudain il ne résiste plus à la tentation. Il vient d'apercevoir un canonnier qui est un de ses amis :

— Hé ! Arrhambery !

Le temps de poser son chiffon de sœur sur un petit tas de fumier, et le voilà qui saute après l'homme, veut chiper son époussette, donner, lui aussi, au cheval de grandes gifles volantes.

L'aînée des sœurs est restée médusée au bord de la route. Elle regarde alternativement et sa sœur restée en panne sur son tas de fumier, et son galopin de frère oublieux de ses devoirs. Un « oh! Raoul! » stupéfié est tout ce qui sort de sa petite poitrine. Mais je t'en fiche! Raoul tourne autour des chevaux comme une grosse mouche, tire une poignée de crins, saute après un naseau, excité par les appels des soldats. Puis, avisant la flèche d'un caisson, il s'y applique et le remonte, le dos en bas, bombé comme une chenille qui gravit une branche.

Cela dure depuis un moment, quand un appel perçant, quoique lointain : « Raoul! Raoul! » arrête la chenille dans sa course ascensionnelle.

— Raoul! crie encore une voix de femme qui se rapproche, vas-tu filer à l'école, garnement!

Raoul a été trahi par sa culotte. Ah! la culotte de Raoul! où qu'il la mène, entre les jambes des chevaux, derrière les rais d'une roue, coquelicot voltigeur, flamme follette, si la culotte dévie du chemin, c'est que celui qui est dedans l'a conduite à l'école buissonnière.

C'était la veille de notre départ de Trondes. Le capitaine G... et moi, nous finissions de dîner dans la popote. Le cuisinier Iturbide, affairé, telle une fourmi noire qui pince entre ses mandibules un puceron, tient entre ses bras bruns et velus la soupière qu'il va ranger dans la cantine. On gratte à la porte. Est-ce un rat ? On gratte encore. Iturbide va ouvrir.

Dans le noir de la porte apparaît un petit bonhomme qui tient bien haut, bien fort, une assiette où s'étagent des pommes. Une des pommes, la plus grosse, ouvre la bouche et prononce :

— Bonsoir, mon capitaine !... C'est papa et maman qui... qui... pour dire au revoir...

Sous l'assiette avancent à pas menus les deux jambes de la culotte de zouave. La plus grosse pomme ne dit plus rien, mais elle cligne des yeux, deux yeux où danse une flamme, celle de la lampe reflétée ou celle de la malice...

AU PETIT JOUR

De Flirey au fort de Liouville.
Août 1915.

Mon service de jour terminé, j'ai eu le loisir de faire renaître en ma mémoire les images de la route que j'ai parcourue ce matin.

Sa mission terminée à l'emplacement du projecteur, et pour gagner le fort de Liouville avant le grand jour, le lieutenant de S... m'a fait franchir, du vertigineux élan de son auto, la majeure partie de notre front.

De Flirey au bois du Jury la route est impraticable à l'auto. Les tranchées boches en lisière de Mort-Mare ont des vues directes sur la route de Metz et les balles y sifflent sans arrêt.

D'ailleurs un boyau de communication la traverse ; de gros branchages la barrent, quand ce ne sont pas les troncs eux-mêmes, fauchés et alignés là comme des cadavres.

Cette partie du chemin franchie à pied, en se défilant comme on peut, c'est au Jury seulement que nous avons rejoint l'auto. Mais à partir de là c'est la vitesse sans cesse accélérée. Je ressens encore les secousses, les ruades de la machine à la rencontre des trous d'obus, que ne révèle pas suffisamment le jour à peine naissant.

Le temps de jeter le mot aux sentinelles, de tanguer entre les vagues pétrifiées des décombres, que Beaumont est déjà traversé, puis Rambucourt. Les rideaux déchiquetés des arbres font, à droite et à gauche, des murailles bruissantes. Au loin, au-dessus de la plaine emplie de brouillard, se lève un jour rose. Les hauteurs d'Hattonchâtel s'amenuisent dans la brume. Le Mont-Sec se précise, bombe son dos de taupinière sournoise. Attend-on notre passage en un point repéré, pour nous y précéder d'un barrage? Rien, on dort encore là-haut, ou bien on dédaigne cet insecte enragé que suit une queue de poussière aux volutes tirebouchonnantes.

A Bouconville, arrêt brusque. Nous allions heurter des barricades de planches, de chariots, de charrues (qui auraient mieux à faire, vraiment!).

Des hommes de garde somnolents nous aident à ouvrir un passage devant l'ardeur réprimée et rageuse de la machine.

Nous avons marché à petite allure jusqu'à la hauteur de l'église. Un rassemblement de fantassins devant le porche, à cette heure si matinale, nous étonne. Un sergent du ...ᵉ nous met au courant de la mort, peu de moments auparavant, de son lieutenant, alors qu'il maniait une grenade. On a transporté le corps dans l'église. Nous le trouvons déposé sur les dalles devant l'autel, enroulé dans une étoffe tricolore dénichée je ne sais où. Quelque drapeau des grandes fêtes trouvé à la mairie? — Le blanc risque de disparaître dans le rouge grandissant. Il a été affreusement déchiqueté, le malheureux !

Après l'enfer de la tranchée, voici la paix de l'humble asile. Il est en lambeaux, lui aussi. Devant le vide des fenêtres brisées s'accumule la paille. Cependant le jour, qui n'est triste que d'attendre encore le soleil, apporte timidement son hommage gris qui va tourner au rose. Il révèle, veillant le corps, en guise de religieuses, deux poilus poussiéreux, rudes comme les piliers de l'église dont on ne les distinguait pas, tout d'abord...

Jusqu'à Broussey, terrain plat. On me le fait bien voir. Je n'y vois plus, d'ailleurs, que la danse des graviers de la route, soulevés par notre trombe, qui fait, entre nous et le Mont-Sec, un écran protecteur.

Et puis c'est le défilé d'autres villages, moins détruits ceux-là, pour arriver enfin aux pentes qui montent à Liouville.

La belle route dans les hautes futaies ! Nos batteries, abritées sous les épaisses couches de rondins et de feuillages, sommeillent encore ou viennent de se taire. Il flotte une odeur de terre humide, de champignons.

Flirey. 1915.

Au fur et à mesure de la montée se découvrent, sous la lumière neuve, les grands bois aux noms évocateurs, où se sont donnés et s'échangent encore de rudes coups : bois d'Ailly, Bois-Brûlé, le crâne ravagé de Tête-à-Vache.

Sur des croupes baignées de soleil s'étalent les squelettes de forêts séculaires. A leurs pieds, la terre sillonnée de tranchées semble une écorce rongée par les vers.

Une vapeur, faussement candide, bleuit le sommet déshonoré du Camp-des-Romains. L'auto rangée dans les taillis, nous marchons maintenant à travers le plateau, tout prêts à nous terrer à la première alerte, dans le calme resplendissant de la belle matinée, jusqu'aux ruines du fort.

Le désastre date de septembre dernier. Déjà les herbes ont reconquis une partie de leur ancien domaine; mais journellement une nouvelle blessure vient raviver l'ancienne, l'énorme blessure béante.

Celle-ci a atteint, de l'organisme, tout le tissu et les chairs profondes. Les trous touchent les trous. La structure intérieure montre ses os broyés perçant la chair. Murs de pierre, bétons, coupoles blindées, les plus robustes cuirassements ont volé en éclats.

C'est l'écaille éparse d'une tortue gigantesque, ventre en l'air... Oui, l'herbe fait ce qu'elle peut pour cacher tout cela. La nature, si dédaigneusement indifférente pourtant, semble avoir pris honte du crime de l'homme, jeter un voile sur son forfait, s'appliquer à une réparation assidue.

Fibre des arbres, texture de la pierre et sang des hommes, tout tend à se reconstituer, fait effort vers la loi d'oubli, de renaissance; mais la haine est là en face, partout, qui guette, gratte la cicatrice, achève le moribond, étend le crime...

— Pauvre absurde humanité! qui écrira donc, enfin, le *Nouvel Éloge de la Folie!* Que le tien, vieil Érasme, paraîtrait anodin à côté de celui-là !...

Voici qu'au moment même où j'évoque cette folie, une rumeur secoue le cantonnement. J'enjambe l'allège de ma fenêtre, évite un tas de fumier, une croupe de cheval et lève les yeux vers les nuages.

Un, puis deux, puis dix, puis vingt avions, et plus encore (ils furent trente), défilent, tout là-haut, comme des bijoux scintillants, cuirasses volantes dans le soleil, en ligne de bataille.

Ils volent vers la barrière imaginaire qui divise deux camps, de l'air pur vers l'air vicié, et montent toujours plus haut, prennent du champ comme pour un tournoi.

Un énorme ronflement musical remue l'air, qui fait penser à celui d'une ruche irritée. Où vont ces insectes bourdonnants? Pour quels chocs de guêpes et de frelons aiguisent-ils leurs dards?

C'est encore de la folie qui passe, mais vraiment, magnifiée ainsi dans le soleil, elle transporte les cœurs...

LUMIÈRES DANS LA NUIT

Août 1915.

Au déclin de ce jour d'août surchauffé l'orage est venu.

Quelle chaudière tiède et ruisselante va être la forêt!

Plus de lune, cette fois, de larges éclairs, mais sont-ce des éclairs ou les sempiternels départs des grosses pièces sur le ciel bas?

Quel remue-ménage dans les écuries! Des falots y éclairent bizarrement des êtres affairés.

Mais soudain une lumière éblouissante les absorbe dans son foyer, refoule la masse mouvante des ombres.

Ce sont les autos-projecteurs qui procèdent à des essais.

Les ombres de nos artilleurs portant les bricoles à pleins bras, se sont allongées en pantins burlesques sur le sol luisant, s'y fragmentent au hasard des bosses et des creux et puis s'agitent sur le mur de l'église.

Le clocher, à son tour, fouetté par l'antenne lumineuse, vacille sous le choc, se précipite en ombre immense sur le rideau pailleté de pluie, semble l'aile d'une immense chauve-souris, puis disparaît, comme happé par la nuit béante en gueule de caverne.

La rue, qui était comme un charbon aux facettes frottées de lumière, retombe au noir de jais.

Chaque attelage gagne, à l'aveuglette, son caisson. Tout cela va s'accrocher, rouler, rouler interminablement vers la campagne embuée où les fusées lointaines font comme des phosphorescences dans un aquarium, puis se plonger dans l'opacité des bois. A de longs intervalles, des falots se lèveront discrètement, tournés vers nous seuls qu'on attend. Ce sera là, et seuls des yeux de chat pourront distinguer, dans l'épaisseur des taillis, un village de huttes, de grottes

Halte-là !

sous les feuilles, où vivent, respirent, s'ébrouent (hommes et chevaux voisinant dans l'humus hospitalier) des êtres retournés à l'état primitif, quasi lacustre, car les étangs abondent ici, nourriciers de miasmes et de moustiques...

En Woëvre. Janvier 1916.

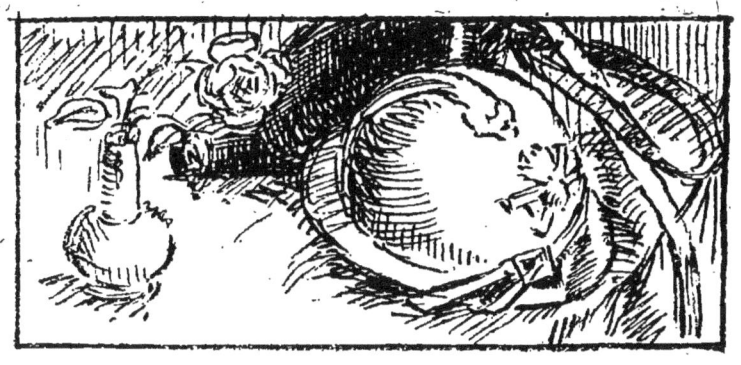

LES BONS HÔTES

Octobre 1915.

Les vapeurs accumulées par une journée de pluie ouatent la route interminable qui s'enfonce dans la forêt.

La nuit a uni la flottante incertitude du sol au lait trouble du ciel, en fait un seul suaire glacial où ne s'inscrit même plus la buée nasale de nos chevaux en marche.

D'une prairie en lisière qui nous surplombe, semble se précipiter un trop-plein d'eau cotonneuse où se noie mon cheval baigné déjà jusqu'au poitrail. Il avance en glissant d'un pas mou.

L'esprit s'hallucine dans cette lente avance fantomatique.

A ne plus sentir les sabots de ma monture se poser sur rien de solide, ne rêvé-je pas, les yeux ouverts, qu'affranchis l'un et l'autre des lois de la pesanteur, nous avons quitté définitivement la terre et voyageons sur un nuage?

Pourvu que ses sabots, tout à l'heure, ne crèvent pas la nuée qui nous porte!... et voilà que j'appréhende maintenant une chute à travers l'espace...

Une douleur qui traverse mes membres engourdis me rappelle à la réalité. Ils perdent un à un leur fonction propre : les mains celle des rênes, les pieds celle de l'étrier; les cuisses paralysées ne serrent plus, et voici enfin l'affreuse sensation de n'être plus qu'un tronc, un tronc cherchant désespérément à maintenir son équilibre instable sur la selle...

Cela dure ainsi pendant maintes heures; puis, notre mission accomplie, voici que nous regagnons le cantonnement.

Ah! s'allonger enfin sur la botte de foin,

la paillasse ou la terre même, qu'importe ! mais détendre ses membres gourds dans l'horizontalité délassante !

Voici bien le cantonnement, mais, surprise ! il est vide, vide du moins des nôtres qui ont, en notre absence, brusquement déménagé pour aller gîter ailleurs, passablement plus loin.

Machinalement, en pestant quelque peu, on se remet en route ; mais l'élan est brisé, les chevaux refusent le trot ou s'y essaient vainement avec des mouvements saccadés d'automates...

Enfin voici, dans la nuit, la masse plus noire du village désigné.

Une ombre s'avance qui saisit la bride de mon cheval, m'aide à descendre, prévient une chute du haut de l'étrier, me pousse vers un mur gris où bée une porte ; je m'y enfourne en vacillant. Le long couloir évoque en mon abrutissement une coupe en ligne droite dans la forêt ; mais au bout c'est l'éblouissement d'une lampe électrique trop vive à mes yeux faits aux ténèbres.

La chambre est tiède, grande et luisante.

Une glace m'y révèle boueux, sinistre, faisant tache pénible dans ce décor inattendu de propreté et de bien-être. Des portraits de famille un peu bébêtes, mais bienveillants, semblent me dire : « Assieds-toi chez nous et prends tes aises ! »

Une carafe d'eau avec le sucrier luisent comme de bons regards. Un cornet de verre contient une rose fraîche.

Dès l'allongement dans le lit, la rencontre d'une bouteille chaude dispensant aux draps une tiédeur voluptueuse...

Ah ! les bons hôtes ! Pendant quelques minutes l'esprit tangue dans un remous où les sensations passées se lient aux présentes en courtes vagues...

Je flotte encore sur des nuages, mais des nuages consistants où se moule mon corps... Il y enfonce enfin, en chute ralentie qui le dépose mollement dans le sommeil...

SURVINT LE VENT DU SUD

Lagney.
Décembre 1915.

J'AI gardé le souvenir de l'émerveillement que me causa, étant enfant, une séance au Théâtre des Marionnettes de Holden.

Un changement à vue de décor, entre autres surprises, obtenu par un simple jeu de lampes, me jeta dans une stupéfaction un peu effarouchée.

Une belle et bonne fée se mouvait dans la lumière d'un jardin fleuri. Mais, au coup de baguette de je ne sais quel génie chagrin, la merveille s'éteignit, le paysage devint de cendre. Je ressentis une grande angoisse, comme si l'illusion elle-même qui me berçait se fût éteinte en mon propre cœur.

Il se passa hier, dans le décor de nos Hauts de Meuse, une de ces grandes sautes dans l'humeur du temps, qui raviva ce souvenir de mon enfance.

L'implacable gelée d'une seule nuit avait fixé la splendeur de la dernière chute de neige. Tout étincelait, le sol reflétait au ciel sa virginité qui en glaçait d'argent l'azur pâle. De captivants spectacles, en tableautins mouvants, se déroulaient sur les champs de neige et sur les routes.

Ici, comme échappée d'une toile du vieux Breughel, s'allongeait la caravane de la bohême militaire; bonshommes frileux, emmitouflés de lainages mauves sur les ors de la terre restée nue dans sa gangue neigeuse; d'autres, recroquevillés sous les bâches des chariots, voitures lorraines à la grande lyre dressée sur l'avant pour supporter les rênes, fourgons surmontés d'un dôme improvisé avec des loques de tous les tons du vert. Un cavalier isolé tenait son cheval par la bride. La vapeur qui s'élevait de la bête soufflante et glissante faisait, avec la pipe de l'homme, deux fines fumées bleues. Le cheval le plus blanc était jaune sur la neige. L'usure des hardes réunissait toutes les variétés des gris rehaussés par le coquelicot fané d'un vieux képi égaré là.

De loin, tout cela s'avançait comme un cortège de gros insectes aux couleurs précieuses chatoyant dans le cristal aérien...

Aujourd'hui le vent du Sud a soufflé, sur cette féerie, son haleine chaude et corrompue. Le ciel pleure. Une colonne d'infanterie se meut sur la route où elle colle à la façon d'une chenille terne. Un équipage d'émigrants, de miséreux qui déménagent, s'accrochent aux voitures boiteuses, y grimpent pêle-mêle avec le fouillis des sacs, des tonneaux et des caisses. Il en vient d'autres, en arrière encore, tristes traîne-la-patte dont certains boitillent, se poussent du bâton, se taisent obstinément ou gouaillent et ricanent.

Un officier à cheval les rassemble et les pousse. Avec son court imperméable aux manches en pagode, sa moustache de chat sous le casque qui goutte, il semble un étrange samouraï évadé d'une estampe japonaise, sujet de pluie où « il pleut des ficelles ».

Il pleut aussi de la pitié sur la triste bande qui disparaît à l'horizon, vers son destin.

Il ne reste plus que le paysage solitaire et grave. Une colline où meurt la neige laisse glisser, comme de son épaule de pauvresse, son fichu d'un blanc sale. Quelle tache sordide y fait ce cheval mort, raidi au bord du trou qu'on lui creuse ! Le geste régulier de l'homme maniant la pelle est comme le balancier d'une horloge, dont les groupes de corbeaux posés en rond marquent, sur un cadran éraillé, les chiffres noirs...

JOUR DE L'AN
CARNAVALESQUE

Lagney.
1er janvier 1916.

ÉTRANGE jour de l'an, en effet !... Nous pensions, le jeune caporal D... et moi, pouvoir prolonger notre causerie devant l'âtre jusqu'à l'oie du dîner à la popote de la 15e... Chaussures fumantes au feu, boîte du bon chocolatier ouverte sur la table, nous discutons, je crois, de quels livres il allait se munir, lui, en remontant à la tranchée, quand on a frappé à la porte.

C'est un planton portant l'avis que le général va passer dans le cantonnement (et en personne) une revue en masques contre les gaz asphyxiants ! Quand ? tout à l'heure, à 18 heures. Mais il sera nuit close ! Le planton fait le geste qu'il n'en peut mais...

— Diable ! dit D...

Je profère quelque chose de plus énergique et nous gagnons la porte pour aller veiller, chacun pour notre compte, aux apprêts de la revue. Un soufflet d'air glacé vient du cloaque qu'est la route.

Il faut s'imaginer ce qu'est le cantonnement à 6 heures du soir en cette saison : l'intérieur d'un four de boulanger refroidi, avec les braises qu'imite la clarté rougeoyante des portes ouvertes sur les granges. Des falots glissent comme des feux follets ; appels et jurons...

La revue s'apprête. Dans le fond des granges, sur les greniers à fourrage couronnés de vieilles poutres velues de toiles d'araignée, parmi l'amoncellement des foins et des pailles, des groupes de larves grises à grosses têtes où luisent d'énormes yeux ronds sur des museaux sans bouche, sor-

Flirey. 1915.

tent des ténèbres comme les vers de la vase.

Nous autres, pourvus des masques spéciaux aux officiers, projetons sur les murs extérieurs des ombres démesurément agrandies aux profils en groins menaçants. Des êtres à peupler « l'île du Dr Moreau » de Wells.

Après une longue attente, les pieds dans la boue, les phares de deux autos lentement survenues refoulent les ombres de la route, inondent, en passant, nos groupes figés au « garde à vous » d'une lumière atrocement crue.

Sur les murs s'agitent des silhouettes en délire..., et puis la nuit retombe, sans plus, sur les voitures mystérieuses.

Y avait-il quelqu'un dedans ? on ne le saura jamais. Nous sommes comme ceux qui, rangés de nuit sur la voie, saluent le train présidentiel qui passe.

La sonnerie du « repos », nous défige tous.

— Bas les masques ! En v'là un carnaval ! s'exclament les poilus.

De la rue, des granges soudain grouillantes, des lazzis de gens vexés qu'on les ait mobilisés pour ça, un jour de premier de l'an, fusent avec de gros rires.

Ce fut vraiment une revue de vampires passée par un fantôme de général.

D'UNE AVANT-SCÈNE

Bois de la V...
Janvier 1916.

Si vous voulez assister, le ... janvier, à la grande représentation que donnera l'artillerie, je vous offre une place dans ma loge. Rideau à ... heures. On le saura à temps. Venez la veille, vous passerez la nuit au poste de commandement, et nous nous rendrons ensemble à Virginie, m'écrit le lieutenant B.., dont la batterie est au bois de la V...

« Virginie », c'est le nom familier du poste d'observation.

Le bois de la V..., je le connais pour y

avoir porté, bien souvent, de nuit, projectiles et rondins destinés aux abris, mais cette occasion d'y voir un spectacle plus captivant qu'à l'ordinaire me tente.

J'ai pu concilier l'invitation avec mon service.

Comme $h =$ onze, nous avons déjeuné de bonne heure, et c'est en croquant la pomme du dessert, que le lieutenant B... et moi nous nous faufilons jusqu'à l'observatoire... j'allais dire la loge d'avant-scène, car on se croirait vraiment au théâtre. Un large banc où l'on tient trois assis de face, la planchette à poser les lorgnettes en dessous de la fente de jour qui permet d'apercevoir la scène dans son ampleur.

Cette scène est vide et muette. Il n'y a que les décors : à gauche émerge de son vallon le sommet de l'église de Flirey que j'ai la petite émotion de retrouver pas trop changée, depuis l'assez long temps que je ne l'avais revue ; de face, coupé par nos tranchées et leurs réseaux, un immense terrain désolé qui n'est à personne qu'aux déchets humains et métalliques, jusqu'aux tranchées boches ourlant la lisière du bois au nom lugubre où se terre la maudite engeance.

Tout paraît immobile et mort, à part le vol de quelques perdreaux qui savent que les balles ne leur sont pas destinées.

Onze heures! A la seconde précise chronométrée sur toutes les montres, un commandement au téléphone et toutes les batteries de 75 tonnent à la fois. C'est l'ouverture, et maintenant un invisible chef d'orchestre manie les timbres de la formidable symphonie. Des 75 aux 220 et aux pièces de marine amenées là en secret pour la surprise, toutes les voix barbares se combinent dans le rythme véhément de l'attaque. Elles gravissent de suite un magnifique crescendo.

Le cœur s'emplit d'une invincible allégresse, exulte à voir les éclatements, là-bas, en fumées de tous les blancs, de tous les noirs, de tous les roses dans le soleil; car, lui aussi, qu'on n'avait pas vu depuis longtemps, a voulu éclairer la fête.

Elles montent, ces fumées, en panaches, en aigrettes, en lentes spirales, pour retomber en saules pleureurs, en écharpes légères; et quel mot inattendu nous vient inconsciemment sur les lèvres, à voir ces jeux de formes flottantes, ces jets de torpilles qui se croisent, jouent entre elles avec la vivacité des dauphins au sillage d'un navire, et qui sont des atroces engins de destruction : « c'est pourtant admirable, ces choses-là ! »

Mais, attention! voici des sifflements qui se rapprochent; ce ne sont plus des départs à nous, venus de derrière notre dos ou d'à côté, mais d'en face, cette fois. Un terrible bruit de ferraille, tout proche, sort d'un jet de terre soulevée et en feu :

— Écoutez les abeilles! me crie B...

Eh oui, les voilà qui arrivent, les abeilles, butiner les branchages autour de nous de leurs dures mandibules.

L'action se déroule ainsi, sans faiblir, pendant les quatre premières heures. Puis un entr'acte pendant lequel on frappe à la loge. Si l'on n'a pas l'ouvreuse, on a, du moins, le téléphone avec la batterie pour demander que l'on monte de la bière à offrir aux camarades qui viennent en visiteurs des positions voisines.

On échange des observations sur le tir. D'aucuns affirment avoir vu des membres, bras et jambes, sauter hors des tranchées, parmi les sacs à terre. Sans tenir la gageure, on souhaite qu'ils disent vrai ; mais l'important surtout est de démolir des ouvrages repérés à l'avance : abris, emplacements de mitrailleuses ; avec les occupants serait mieux, bien entendu. D'ailleurs, l'émoi semble régner chez ceux d'en face ; les drachen ont monté en hâte dans les airs, des avions ronflent, les mitrailleuses crépitent, des tirs de barrage se déclenchent, croyant que notre infanterie va sortir ; leurs 150 viennent nous éclabousser pesamment...

Puis s'ouvre le second acte. Le thème n'est plus le même. Les objectifs sont maintenant en plein bois.

Le crépuscule vient, traînant avec lui un brouillard issu de tous les éclatements. C'est une suée d'agonie de la terre en fièvre, qui embue le lamentable décor du bois châtié et supplicié.

Ce n'est plus le chant allègre des canons qui l'accompagne comme les jeux dansants de tout à l'heure, mais une sorte de grave incantation de voix profondes et maudissantes.

Aux deux actes suivants, c'est, dans les ténèbres, le bûcher rougeoyant, éclaboussé de feux de forge, traversé de langues rouges frénétiques.

Quand c'est fini, à l'heure fixée, aussi mathématique que celle du début, s'est développée, en quatre périodes rythmiques, l'action meurtrière et logique.

On se lève un peu ankylosé et grelottant, car il manque bien, au confortable de la loge, des chaufferettes. Je perçois, comme au sortir de l'engourdissement du rêve, la voix de mon hôte :

— Eh bien ! mon cher camarade, êtes-vous satisfait ? Cela vaut-il les ballets russes ?

Guerre déconcertante, précise comme un théorème et qui permet, au sortir d'un spectacle (réglé par quel habile impresario !), de reprendre son cheval au vestiaire, comme d'autres, dans la grand'ville, remontent en auto à l'issue d'une soirée de gala...

PORT-ROYAL DE LA BOUE

                  Ferme Saint-Charles.
                  Février 1916.

La Woëvre, la plate Woëvre, vue de Boucq, qui siège sur l'estrade des Hauts de Meuse, s'étale comme un rude tapis très ancien. Sa bordure, sur quoi marche le barbare, rongée par le feu, montre sa trame, tournée à l'amadou, qui fume. Au loin, le ruban rompu de la route de Saint-Dizier à Metz retient les grains broyés d'un douloureux chapelet de ruines. Mais, plus près, la route de Toul à Verdun délimite de larges taches de couleurs restées fraîches. Au delà de la « verdure au gros point » qu'est la forêt de la Reine, de Royaumeix, qui n'a pas subi l'opprobre des mites rongeuses de la guerre, quelques bois sèment leurs rosaces et leurs fleurs géométriques sur un fond de terrains détrempés dont l'or, au soleil, se glace de mauve.

L'un de ces bois dessine sur le sol les mâchoires d'un loup se refermant sur un caillou cubique aux angles moussés.

Ce caillou, c'est la ferme abandonnée où nous avons, hommes et chevaux, établi notre litière. Nous y sommes frères en solitude. Une ceinture de fondrières nous retranche de toute circulation, de toute vie extérieure. En dehors des heures, surtout nocturnes, où nos corvées cheminent à l'aveuglette dans les régions mauvaises des batteries, les yeux et l'esprit las se heurtent à la muraille de la forêt, ne trouvent, pour vaguer librement, que le rectangle du ciel que découpe la clairière, en toile de tente.

Cette geôle austère est bien celle qui convient à notre existence de moines soldats. Le paysage primitif n'a point d'âge. L'humus que nous foulons est pétri d'an-

La ferme Saint-Charles. Woëvre.

tiques choses mérovingiennes. De ces halliers, aussi âpres que des réseaux de fils de fer, surgissent des hommes sanglés dans des cottes de peaux de bêtes, casqués, massifs, barbares; la même boue les vêt, et leurs chevaux, qui recouvrit les braies des guerriers de la vieille Gaule.

Il faut, pour retrouver des liens qui nous rattachent au siècle, au bouleversement qui nous entoure, détacher les yeux du sol immuable, regarder dans le ciel l'étrange forme flottante du ballon d'observation, se rappeler que notre arrivée fut accueillie, du premier jour, par une salve de projectiles nous signifiant que nous étions à portée du tir moderne.

Au reste, l'incessante canonnade scande le silence des nuits; mais au sursaut des planchers on s'accoutume, aussi bien qu'au grignotement laborieux des rats qui les habitent. Des belettes querelleuses viennent les y provoquer. Il se livre dans les solivages des greniers, dans les cachettes des murs creux, des assauts homériques. Le champ clos s'étend aux alentours jusqu'aux grands bois. Là une étoile double brille au creux d'un buisson. C'est un renard aux aguets. Les fourrés craquent sous la masse des sangliers; de toutes les mottes qui hérissent les champs part, en éclairs gris, la fuite des mulots; une hermine raie les fumiers de sa robe blanche. Tout cela court à la rapine ou à l'amour.

Dans les nuits chaudes du printemps monte le frénétique concert des grenouilles. Dès que l'humidité nocturne pénètre la pauvre terre abandonnée, stérile, des myriades de voix sorties d'elle, délirantes, réclament à la nuit leur part de volupté. Désir et meurtre. La vie sauvage pullule, se cherche, tue pour se perpétuer. Petits fauves sur terre, rapaces dans les airs. Là-haut, le vol de grandes buses tournoie autour des nids. Plus haut encore, dans l'abîme des hauteurs, des avions de chasse se défient, se poursuivent. C'est la couronne d'un cycle barbare. Du fauve à l'homme, tout est bataille, tout s'épie et se saute à la gorge...

QUELQUES TYPES

Ferme Saint-Charles.

Quand nous sommes arrivés, pour y cantonner, à la ferme Saint-Charles, nous avons eu, tout d'abord, à la purger de l'immondice qu'y avaient laissée nos prédécesseurs. Un chenil mal tenu donnerait une pâle idée du cloaque où nous étions appelés à gîter à notre tour. On trouvait sur le sol du rez-de-chaussée ce magma humide et cacateux où se gravent en sceaux baroques les pattes des poules dans les basses-cours. Ici c'étaient les clous de souliers qui avaient marqué.

Pendant toute une journée, les fenêtres, l'escalier conduisant aux greniers, ont déversé une avalanche de paille usée, de déchets innommables. Dans ce flot filaient, comme goujons en eau trouble, des choses luisantes, qui étaient des pièces de harnachement, des ustensiles variés, voire des armes, épingles égarées dans une meule de fumier.

Cette vermine une fois balayée, nos hommes, en bernards-l'hermite pourvus d'une nouvelle coquille, s'installèrent.

En dehors des six groupements organiques que sont, dans les unités d'artillerie, les « pièces », il y a les petites cellules en marge que forment les employés et quelques indépendants. Une toile de tente par-ci, un bout de carton bitumé par-là, ce trou bouché et cette rigole, grand comme la main de toile huilée pour la fenêtre, et voilà une cagna remise à neuf. Ce serait peu pour un Peau-Rouge ou un Fuégien, c'est le refuge inappréciable pour l'amateur de solitude.

Les cuisines, ouvertes à tous les vents, se closent de chiffons disparates. Elles possèdent chacune leur foyer, composé d'un double grillage arrondi en demi-cercle où l'on pilonne de la terre. Leurs tuyaux, en grossiers mirlitons de tôle ondulée, font aux maigres échoppes des coiffures clownesques. Chacune a son panache de fumée. C'est la soupe !. On vit...

Oui, l'on vivrait en paix. Mais la paix n'est pas de ce monde, même entre soi, en temps de guerre. Paradoxe ? Non, vérité, hélas ! et le mal est plus que jamais de ne pouvoir être seul. J'entends « seul » par « unité isolée ».

La solitude supportée en commun éprouve la valeur des liens forgés ici entre individus qui ne se connaissaient pas hier. Il en est peu qu'elle n'envenime. En pleine ligne de feu, sans doute en est-il autrement. Il semble que toute antinomie, si vive soit-elle, doit se résoudre devant l'implacable raison de la fatalité qui plane sur tous à la fois dans les mêmes instants. Plus à l'arrière, les aises sont suffisantes (mais le sont-elles jamais assez ?) pour que les égoïsmes puissent jouer des coudes sans se heurter. Mais ici, dans la zone du danger intermittent et de l'inconfort perpétuel, les contacts sont trop rapprochés, trop constants et les heures trop peu fragiles pour qu'on ne croie pas, dès aujourd'hui, les retrouver demain, avec tout leur attirail de petites gênes, sans une sourde irritation.

Un bivouac qui réunit plusieurs unités similaires, des chefs également galonnés, devient un « plateau » où se joue, chaque jour, un raccourci de la « Comédie humaine ».

Seul y manque le chapitre « Amour », faute de partenaires. Côté cour, l'humoriste crayonne et dilate sa rate; côté jardin, Théophraste écoute et prépare son trait le plus amer..., et les bâtisseurs de phalanstères se regardent comme des augures...

Il y a toujours eu deux unités cantonnées à la ferme Saint-Charles, l'une composée de gens du Nord ou Savoyards, l'autre (la mienne), de gens du Sud-Ouest. Ils se sont, dès le premier jour, regardés d'un mauvais œil. Dès la première nuit les rosseries ont commencé.

Et puis il y a, trop souvent, entre deux

Un gourbi.

unités côte à côte, la muraille de Chine que dresse l'exercice du commandement du cantonnement. Muraille ici constituée par une ligne virtuelle, qui est l'axe de la grande cour, réelle avec le mur séparant la grange des écuries dans le bâtiment de ferme, et au delà par un espace louche, pétri de fange et de purin, prêt à engloutir l'imprudent qui s'y fût risqué la nuit sans lanterne. Pardessus cette muraille volent les sarcasmes. Seule la charrette aux ordures la franchit chaque matin, va enlever en rechignant les boîtes du voisin, qui les a chargées jusqu'à la gueule et regarde d'un air goguenard, oubliant que, demain, les rôles seront renversés. La corvée, comme par hasard, a oublié, toujours chez le voisin, un beau tas bien placé qui clignera, toute la matinée, comme un œil chassieux, dans le visage tout propre, par ailleurs, de la grande cour. C'est là-dessus que tiquera infailliblement le major du cantonnement.

Le capitaine G... a le verbe fort, l'interjection prompte. Les « nom de f... » jaillissent de sa moustache en broussaille grise

comme les giboulées d'un nuage de mars.
Mais cela fond avant d'arriver et ne blesse
pas. Moi qui le connais bien, le capitaine G...
(une longue solitude à deux a, cette fois,
consolidé le lien), je sais combien sa bienveillance bourrue couve ses hommes (les
siens), avec quelle fierté de poule qui n'a
que ces enfants-là de par le monde, il les
regarde aller, venir et les conduit lorsqu'il
le faut là où « ça barde »; je sais que tout
ce qui les touche le touche; que s'il a jamais intrigué, c'était pour eux, que c'est à
eux qu'il a montré tout ce que sa citation
contient de beau.

Ses hommes!... Mais le capitaine G...,
major du cantonnement, a l'œil aussi sur les
voisins. Dame, en ceux-là, la bonne poule
voit instinctivement d'affreux canards.

Ceux-ci se sentent regardés et se disent :

— Attends un peu, avec tes poulets, que
tu aies le dos tourné!

Mais le major du cantonnement a comme
un œil dans le dos, qui dévisage et voit tout
chez le voisin.

Lorsque le major du cantonnement se

promène dans ses propriétés, petite pèlerine bleue doublée de rouge sur les épaules, en main la canne autoritaire et que, tel un Louis XIV chaussé de galoches, il va voir où en est l'état d'avancement de ses chantiers, malheur à qui s'y promènerait indûment ou marcherait dans les plates-bandes !

L'allée principale (et unique) du cantonnement est une sorte de digue qu'un apport constant de matériaux permet péniblement de maintenir au-dessus du niveau des boues environnantes. A droite, à gauche c'est l'enlisement assuré. Nous y promenons souvent, le capitaine et moi, nos pas mesurés et prudents. A l'arrêt, perchés sur les deux cailloux les moins branlants, nous supputons le nombre de mètres cubes, de semaines ou de mois qu'il faudrait pour mener à bien ce travail de Romains, sans Romains à notre disposition, quand un bruit insolite se fait entendre à cent mètres derrière nous. Je ne me presse pas trop de regarder, mais le capitaine G... a entendu et vu avec une rapidité tout électrique. Il a vu qu'un attelage, abandonnant sournoisement la voie licite de

En Woëvre. Février 1916.

la chaussée, a gagné le parc par le chemin le plus court, en piétinant le caniveau. Homme et chevaux filent en douceur, mais un « hep! » retentissant les fait s'arrêter net :

— Hé! là-bas, nom de f..., tonne la voix du major de cantonnement, d'où venez-vous? Où allez-vous? Naturellement, encore un de la ...e!

Là-bas, aux ouvertures de la ferme, des têtes se penchent, intéressées.

Le capitaine de la ...e est, lui, placidement occupé à mettre l'avant-dernière main à sa « villa », une minuscule construction toute menue et fignolée comme un bibelot japonais, entourée d'un amour de jardin lilliputien, mosaïque de toutes les fleurettes du printemps, fines barrières, souples portiques...

C'est, en un bassin de boue, une boîte de joujoux nageant sur son couvercle.

Peut-être a-t-il vu, lui aussi, ce qui se passe; entendu, certainement; mais avec une moue philosophique, il jette un coup d'œil satisfait à son ouvrage et... attend le rapport véhément de son collègue.

J'avais un grand plaisir, trop rare, à provoquer l'aimable accueil du capitaine V... dans son petit domaine. Parisien, et du cru le plus rare, causeur ingénieux, maniant le trait d'une façon si leste! mêlé à fond aux choses du livre et du théâtre, il compte dans ses amitiés certains artistes qui sont mes camarades. Quand l'occasion s'en présentait, j'empruntais la sinuosité étroite des caillebotis, serpentant entre les marais et les fumiers, pour le rejoindre dans son île. D'autres fois, nous nous retrouvions dans la cour de la ferme, pour les grands conseils du cantonnement, l'expertise d'exorbitants méfaits...

La ...ᵉ partie, arrivèrent les Savoyards de la ...ᵉ. La mésentente ne fit que changer de partenaires. Et pourtant, qu'ils soient des Alpes ou des Pyrénées, ces gens sont de même souche montagnarde. Si leur sol ne fut pas toujours français, il l'est bien devenu par la force d'un loyalisme invétéré. Qui les pousse donc à se toiser hargneusement et à dire chacun de l'autre : « C'est-il un Français, ça! » ? A vrai dire, le moule est différent d'où sort celui de la Iota (la haute, la haute Savoie), figure rugueuse taillée dans le bois, à la serpe, un tantinet pochard, mais taciturne, sûr, entêté et lent, et celui qui fit le « Diou vivant » vif et sobre, bruyant même lorsqu'il jacasse, mais d'une variété de types plus expressive. J'en revois, de ceux-ci, certains passer devant mes yeux, comme dans une frise où leur silhouette se précise.

Voici Mendilahatxu, un Basque. Muet, celui-là, ou presque, ne sachant du français que peu de mots. Des yeux bleus, doux et timides, une tête petite avec une menue moustache blonde, mais sur de larges épaules, une charpente « ajustée » qui, tendue dans le calme effort, pourrait soulever à elle seule un cheval qui s'enlise.

Béchacq, un autre Basque. Sa face osseuse, aux méplats rudes, regarde haut et droit. Qu'il s'immobilise au repos, dans le beau geste de la gourde levée, d'où jaillit le jet si fin, ou qu'enrobé de boue il marche vers ses chevaux, les bricoles levées à bout de bras, il semble taillé, à larges plans, dans de l'argile antique.

Berrétrot. Une barbe orientale encadre le sourire des dents. Son nez busqué reçoit l'arche double des sourcils où miroite l'eau vive du regard. Il trône à l'ordinaire. Quand il a revêtu les souples treillis de l'été et chaussé des sabots aux pointes recourbées, si le soleil vient, au cœur de son échoppe, faire scintiller l'éclat des beaux légumes et des boîtes de conserves, on dirait un fier marchand hindou dans une boutique de Bénarès.

Et les beaux noms qu'ils portent, ces gens-là! Arrocéna, Ulthurralt, Esplandès, Icéaga, Oyharçabal. On les redit, ces noms, pour les faire sonner comme les anneaux retentissants d'un collier barbare!

Avec Cestacq c'est le côté exubérant du bagout bordelais. Dégingandé, un grand nez blagueur, loquace, il a pris sur ses camarades l'ascendant de celui qui a beaucoup lu de choses imprimées, étant crieur de journaux dans une grande ville de par là-bas. Dans la première pièce qui compte des Basques et pas mal d'illettrés, on a mis la lecture des journaux en commun. Le soir on ne voit briller qu'une chandelle. D'ailleurs les lits sont si rapprochés que le chat ne saute même pas pour passer de l'un à l'autre. Ma chambre touche au grenier, mais de là-haut j'entends le ronronnement de la lecture :

— Écoutez, les enfants, on commence... Silence donc, hildepute !

Cela va son train monotone, puis les éclats claironnants d'une grande voix cocasse annoncent que Cestacq en est aux commentaires.

Il m'arrive aussi, à travers le mur d'une chambrée à mon étage, des bouts de phrases, des mots hachés, répétés, ânonnés, comme un écho d'école enfantine, mais grossi à la proportion de voix d'hommes.

— Ça n'est pas *hai*, que je te dis, c'est a..., a... Répète !

Ça, c'est un Béarnais qui donne une leçon de français à un Basque.

Le signe où on les reconnaît encore pour de braves gens, c'est à l'amitié qu'ils témoignent à leurs chevaux.

Or il n'y a rien d'exaspérant, à mon avis, comme la bêtise de « la plus noble conquête de l'homme ». Son œil qui défigure les choses, son cerveau plat, en font un appareil à surprises dont je ne me lasse pas d'admirer les ressources inépuisables en extravagances. Un papillon, un chiffon de papier ou une auto lancée en trombe, de même que le craquement d'une branche dans le bois et le coup de canon à bout portant, provoquent chez ce *minus habens* un même réflexe épileptique. Une écurie, au moment de la distribution de l'avoine et du fourrage, alors qu'une rangée est pourvue et pas l'autre, témoigne où peut atteindre la frénésie chez la brute. A ce moment, que nos hommes ne prodiguent pas les fins jurons, qu'un feu roulant de « macarelle » et d' « hildepute » n'augmente pas le vacarme des fers claquants, des chaînes grinçantes, serait trop dire, mais je ne les ai jamais vus distribuer à leurs chevaux de ces haineux coups de pied, de ces lâches volées qui ahurissent la bête sans la mater. Non, je les ai vus, bien au contraire, de retour de corvée et très las, aller bien loin chercher l'herbe succulente qui s'ajoute à la trop maigre ration de foin.

Cantonnement en Woëvre. Janvier 1916.

Ils ont, avec cela, l'épiderme sensible aux quolibets; leur langue affilée garde sa pointe et la décoche au moment choisi.

Je me souviens d'un soir où l'importance d'une corvée à je ne sais quelle batterie m'avait fait prendre le commandement de la colonne. Je m'accommode fort bien de longues heures de silence (silence tout intérieur, car les lignes sont bien bruyantes parfois), mais je sais que nos gradés causent volontiers, que c'est une occasion pour nous de communiquer avec eux mieux que jamais, en ces moments de fatigues communes, et je manque rarement de faire avancer l'un d'eux à la hauteur de mon cheval.

Cette nuit-là, ce fut avec le maréchal des logis J..., avec qui je fis la route botte à botte. J... est un fin railleur; il trouve vite le défaut de la cuirasse de qui l'attaque dans son régionalisme, en homme qui sait ce qu'en vaut l'aune.

Après avoir parlé de choses et d'autres :

— Eh bien! J..., où en sommes-nous de nos rapports entre voisins?

Je distingue le haussement d'épaules de

l'homme qui n'en peut mais et qui s'en moque. Mais le voilà qui rit comme en lui-même. Il semble, en tortillant son bout de barbe, déguster une malice, et je crois avoir vu l'œil briller sous le casque.

— Eh bien ! quoi donc ?
— Oh ! rien, ou si peu...
— Mais encore ?
— Dame ! il y a des gens qui les connaissent, oui, ces clients-là, et bien (il s'agit toujours des Savoyards), qui m'ont conté un de leurs traits ou deux, pas mal tournés.
— Et lesquels donc ?
— Oh ! c'est les Dauphinois, car ils sont en bisbille avec les Dauphinois aussi... On raconte donc en Dauphiné ceci, touchant le mignon défaut qu'ils ont d'être un peu ladres ; voici : lorsqu'un Savoyard vient d'avoir un enfant, il l'arrache de suite à sa femme, pour faire l' « épreuve », l'épreuve du bon Savoyard. Il lance le petiot tout en l'air, vers la poutre maîtresse du plafond, et il faut, Diou vivant, qu'il s'y accroche, ou par les dents, ou par les griffes de ses mains ou de ses pieds, par tout ce qu'il voudra, mais

il faut, té! qu'il y reste accroché. Si le petiot retombe, il le tue! Mais s'il reste, oui, accroché, il le détache et le rend à sa mère : « Tiens, femme, à celui-là tu peux lui donner à teter, oui; il en est bien, de la Iota! »

— C'est en effet pas mal; mais vous en avez une autre encore dans votre sac?

— Oui, et meilleure, car elle est plus véridique encore!

— Plus véridique, je l'espère, dis-je, pour l'enfant qui ne s'accroche pas...

— Eh bé! la voici. Quand un Savoyard est dans sa maison et qu'il entend frapper à la porte : « Té! dit-il, attendons qu'il frappe encore. » Il écoute. « S'il frappe du pied, en ce cas-là, bonne affaire, c'est qu'il vient les mains pleines. J'irai lui ouvrir... Non, c'est avec la main qu'il a frappé... Frappe encore avec tes mains vides, frappe toujours, bonhomme! Rien dans les mains? Il n'y a personne à la maison, Diou vivant! »

LITANIE BURLESQUE

Ferme Saint-Charles.
Février 1916.

Voici la deuxième tombée de neige de cet hiver.

Elle a été la bienvenue tant qu'elle fut, cette précieuse personne égarée en de bien piètres lieux, accompagnée de son compère et protecteur le Froid.

Mais, hélas! dès aujourd'hui, le dégel établi, elle fait penser à cette blanche hermine qui fréquente nos fumiers et y salit sa fine robe.

N'importe! cela fut un enchantement de quelques heures, un voile d'illusion jeté sur l'ignominie de notre sol.

Elle survint, avant-hier après midi, pour se mêler étrangement au pittoresque d'un passage d'artillerie lourde à travers nos bois et la clairière.

Pauvre route de la ferme, que nous nous ingénions, entre les corvées, à refaire, à faire plutôt, car elle n'a jamais existé avant nous que sous forme de fangeux chemin de terre ! Pauvres prés où caissons et chariots se cachent comme des bêtes de marais, à demi enfoncés dans les herbes et la vase !

Après le passage des demi-gros monstres que sont les canons de 120, il n'y a plus qu'à attendre quinze jours de grand soleil pour assécher les ornières changées en insondables baignoires...

Mais quel spectacle, lorsque sortant du rideau mouvant de la bourrasque de neige, apparaissaient l'un après l'autre, comme en fuite devant le cataclysme de la boue montant jusqu'au poitrail des chevaux, par-dessus les essieux des roues, les attelages des canons, dans une fumée de sueur, dans le halètement des bêtes en soufflet de forge !

Les roues des canons, avec les larges bandages articulés (les cingolis), dont on les munit en mauvais terrain, battaient désespérément la terre liquide comme les aubes d'une roue de moulin l'eau écumante. Mais les éclaboussures étaient de boue gluante. Une tristesse palpable s'appesantissait, en chape de plomb, sur cette poussée d'efforts véhéments, clouait au sol la masse spongieuse des servants qui attendaient placidement, dans le gâchis de la route, que vînt le moment de se remettre en marche. Rien ne les distinguait plus des buissons d'alentour, aussi anonymes qu'eux sous leur couche de neige.

Mais l'humeur française est incorrigible. Elle sort des cervelles comprimées par le destin comme le jus d'un fruit qu'on presse.

De dessous les casques mués en pièces de pâtisserie de sucre, d'entre les barbes à glaçons surmontées de nez blagueurs, fusaient des gouailleries de Parigots. A la façon d'un chœur antique ou de moines burlesques, ils accompagnaient le passage des camarades montés enlevant leurs attelages, d'une traînante litanie :

> Grand saint Goli, priez pour moi !
> Grand saint Goli, priez pour lui !

Et quand fut venu leur tour de suivre, ils semblaient tellement collés à la terre qu'aucun ne bougea. Émoi du brigadier, appel à ses hommes, et sur quel ton !

— Eh ben ! quoi ? Tu viens là, tous !

Mais ils semblaient n'être plus qu'une énorme motte de terre inerte d'où enfin une voix s'éleva, traînarde :

— Que veux-tu, vieux ! on bouge pus. Et puis, à quoi que ça sert, pisque c'est la guerre d'usure !

REGARDS EN ARRIÈRE

4 mars 1916.

J'APPRENDS, par les journaux, l'explosion du fort de la Double-Couronne. Ses pierres pulvérisées dans le vent de la catastrophe ont emporté, parmi le tourbillon des choses mortes, mes souvenirs du début de la guerre.

L'ouvrage barrait, en avant de Saint-Denis, les trois routes de Pontoise, de Chantilly et de Senlis, de ses remparts désuets qu'avaient déjà criblés les boulets de 1870...

Chétif myrmidon dressé devant le Monstre, espérais-tu, faisant fronde de tes vingt pièces de petit calibre, lancer le coup fatal au front du Goliath teuton ? Non, il ne me fut donné, à moi qui commandais tout seul (!) cette artillerie, de tenter le geste de David. L'ombre seule du géant nous effleura...

Mais je ne puis revivre sans un frisson rétrospectif cette fin d'août 1914 ! La proclamation de Gallieni est venue secouer la torpeur qui régnait jusqu'alors sur le camp retranché. Mise en demeure péremptoire... Trois jours pour achever (ô ironie ! achever ?... pour tout faire) l'armement des forts.

Mes artilleurs s'y sont mis bravement. Je revois leurs équipes d'un pittoresque à faire frémir. Il y a des employés, des gens de bureaux dont les bras pâles, sortant de manches de chemises roulées avec soin, exhibent de maigres biceps à côté des bras noueux, couleur de tan, qu'au ras des aisselles libère le maillot rayé de bleu du débardeur. Des pantalons à carreaux se retroussent sur des bottines jaunes ; sur des espadrilles tirebouchonnent des grimpants de velours ceinturés de rouge, et des casquettes de tous calibres fraternisent avec des canotiers retour des bains de mer. Il y a enfin la minorité, à qui leur stature, d'une bienheureuse moyenne, a valu d'être habillés du haut en bas, c'est-à-dire affublés d'uniformes de télégraphistes, de funambulesques fonds de magasin agrémentés de boutons de toutes les armes, hormis d'artillerie.

En marge de l'élément « combattant », il en est certains qu'une sélection facile a rangés, dès l'abord, dans les fonctions sédentaires.

Parmi eux, que, dans le recul du souvenir, j'évoque avec une mélancolie un peu émue, mon « secrétaire »...; le terme de « fourrier » vraiment ne s'impose pas, car il a si peu l' « allure militaire », cet excellent R..., avec sa barbe rousse, le large chapeau noir et derrière le lorgnon ses yeux rêveurs, yeux d'amateur de livres, habitués à errer sur les beaux textes modernes ou les vignettes du dix-huitième... Et, personnage un peu falot, avec ses gestes menus et comme rattrapés une fois faits, mon ex-ordonnance, le placide B..., valet de chambre de style un peu vieillot (on n'est plus dévoué comme ça!), émettant des aphorismes pleins de prudence, à la Sancho ; son petit képi en pointe, sur sa figure rasée et lippue, lui donne l'air rigoleur du pioupiou de café-concert...

Tous ces échantillons d'un état social multicolore se courbent sur la même tâche. Cela pioche, manie la pelle et la brouette, enfonce les piquets de chêne des plates-formes, hisse les pièces, charrie les caisses de poudre à l'atelier de remplissage des gargousses et les projectiles aux abris, s'emploie, en dépit des professions pêle-mêle confondues, trime, blague, rouspète, mais « en met » à qui mieux mieux.

Entre temps, un peu de manœuvre d'artillerie pour rafraîchir les mémoires, dont la mienne. Mais où trouverai-je jamais assez de servants pour le service de tant de pièces ? Je demande et l'on m'accorde vingt-cinq zouaves en renfort. Ils se mêleront pendant plus d'un mois à notre métier d'artilleurs, animeront de leur jeunesse, de leur entrain, la placidité un peu désabusée de mes réservistes territoriaux.

Bivouac devant Verdun. Juin 1916.

Eh oui! mais leur service assuré, faudrait-il bien savoir quels buts assigner à ces pièces? Je ne le sais que trop vaguement. Qui me le dira? Certes pas les généraux variés (jamais les mêmes) qui, bien souvent deux fois par jour, grimpent, avec un peu d'essoufflement, sur nos talus, jugent de l'avance de l'armement aux gestes de terrassiers de nos hommes, à l'étalage de leurs muscles, de leurs poitrines suantes sous le soleil d'août, et remontent vite en auto pour aller jeter autre part quelques paroles d'encouragement.

Le moindre officier d'état-major de l'arme eût bien mieux fait mon affaire!...

Nous faisons donc, en carriole prêtée par un bistro voisin, des « reconnaissances à l'avant (!) », notant une gare, un croisement de routes, visitant au passage tel ouvrage avancé où l'on s'étonne que nous, qui sommes en seconde ligne, ayons déjà « nos munitions prêtes ». Nous avons bien soin, les gradés que j'emmène comme moi-même, d'affecter, au retour, l'air de satisfaction entendue qui rassure nos hommes.

D'ailleurs les journaux, à défaut de nouvelles des armées, ne donnent-ils pas le plan détaillé de la défense de Paris, n'affirment-ils pas sa puissance, son invulnérabilité certaine?

Quelle constellation, autour du cœur de la capitale, d'étoiles de toutes les grandeurs! Les espaces vides eux-mêmes s'emplissent de menues figures géométriques figurant des fortins, des redoutes, qui ne sont, en réalité, que des tertres abandonnés, couverts d'orties et blindés de boîtes de sardines vides...

J'ai fini par fournir à mes pièces des objectifs possibles, qu'on approuve. Mais ne faut-il pas débarrasser les glacis, les fossés, de l'écran des hauts arbres qui pourront gêner le tir?

Hélas! beaux peupliers bruissants qui avez crû dans un long temps de paix, qui reléguiez dans un oubli champêtre les ouvrages de la guerre, les promeneurs du dimanche ne retrouveront plus vos ombrages! Les zouaves sont lancés contre eux, comme à l'assaut. Ah! la bonne aubaine pour ces enfants terribles! Frappent les haches, grincent les scies, résonnent les coins; culottes bouffantes et chéchias, gros coquelicots dans le vent, tournent, bondissent autour des troncs, s'enfuient dans les clameurs et les rires, à la chute des colosses feuillus.

En haut, sur la route qui mène à Chantilly et Creil, c'est le tour des grands platanes. Une bande de bûcherons improvisés se rue au massacre, taille, brise plutôt, précipite les grosses branches toutes palpitantes à la confection des chicanes, en avant des murs de pavés et de toutes choses hétéroclites accumulées en barricades. On n'a plus le temps de choisir.

Tout le monde s'agite, se dépense en efforts de bonne volonté.

Seuls les travailleurs civils, ramassés on ne sait où, conscients de leurs droits de gens qu'on paie neuf francs par jour, prennent leur temps, traînent aux appels interminables, mettent un pavé sur l'autre et puis s'épongent, roulent des cigarettes, se baladent et blaguent, la bouche mauvaise, nos gens à nous, nos R. A. T. qui triment jour et nuit pour un sou!

Un tumulte sourd naît de cette effervescence. Celui des routes, lui, atteint le tragique.

Voici cent dix autobus accourus en ravitaillement du front (qui n'est plus loin). Ils se heurtent aux barricades, bloquent les freins, grincent, ronflent, sinuent dans les chicanes et rebondissent, une fois libres, dans une poussière qui fait tournoyer en cyclones asphyxiants toutes les puanteurs du Barrage. Cela rejette aux bas côtés de la route le flot d'une marée sans cesse plus haute, qui porte les déchets de la retraite, de la fuite des populations depuis le Nord, depuis la Belgique, vers le refuge que promet la capitale.

C'est dans la matinée du 2 qu'elle atteint son paroxysme.

Elle se présente en trois courants qui laissent péniblement passer le reflux, précipité en tourbillons, des autos d'état-major filant vers les lignes.

Il y a là, côte à côte, d'immenses chariots où sont entassés les bœufs, des vestiges de basse-cour, pêle-mêle avec les enfants qui tiennent des cages d'oiseaux, de tristes hardes. Les adultes, à pied, s'accrochent, se font traîner, épaves de maisonnées vidées par l'incendie ou par les bombes. Dans une auto archibondée, sur les genoux de vieillards et de femmes, ballotte un berceau où dort un petit être. Une autre porte sur son toit un matelas où s'étale, livide, un homme malade, qui s'accroche des deux mains aux barres de la galerie. Dans les brancards d'une charrette se courbe un vieux bonhomme. Sa marchandise? deux soldats anglais. L'un n'est visible que par ses pieds dressés le long des ridelles. Il ronfle dans le fond. L'autre, qui fait arrêter l'équipage, descend, s'adresse à nos sentinelles, et, loquace, bredouille on ne sait quelles explications sur son fusil, dont il fait jouer le mécanisme... Et puis passe un équipage de chasse sous la conduite d'une amazone élégante. Des chiens suivent avec des piqueurs; avec des valets d'écurie, des chevaux aux couvertures armoriées... et tous, que nous empêchons en vain nos hommes d'interroger, jettent au passage, d'une voix morne ou saccadée par l'effroi persistant, en forme d'avis :

— Ce matin, ils étaient à... Ils viennent... Bien sûr que vous allez les voir !...

— Déjà, depuis deux jours, les premiers taubes ont fait leur apparition, avant-garde aérienne qui s'est heurtée à une patrouille des nôtres, a échangé des coups de mitrailleuses et passé outre vers Paris...

Le soir du 2 couronne l'angoisse. Une note arrive que, « en raison de la retraite de nos armées, les forces allemandes peuvent se présenter devant Paris dès demain 3 septembre »... Ordre donc de prendre, dès maintenant, les postes de commandement ou de combat.

L'inéluctable s'accomplit.

La nuit chaude de ce jour d'été met un voile trouble sur le mystère de ces quelques lieues interposées entre nous et la menace grandissante. L'écoulement éperdu des fuyards a cessé.

La nuit se recueille, comme nos âmes, devant l'impossible que nous tenterons, qui certes sera fait jusqu'au bout, avant de disparaître dans le bouleversement inévitable.

Je me concerte avec le lieutenant qui commande l'infanterie du fort. Nous nous serrons la main avec une émotion contenue et allons distribuer leurs rôles à nos hommes, nous efforcer à leur faire mine réconfortante. Un sentiment de pitié, plus encore pour eux que pour nous-mêmes qui en savons trop pour n'avoir pas déjà pris notre parti, se mêle à celui de la rage, de l'humiliation à constater le peu, presque risible, que nous sommes, devant ce qui vient sur nous de formidable.

Nous avons convenu que les hommes en civil feront, comme les autres, leur devoir, mais ne resteront pas là jusqu'au bout. Nous serons juges du moment où ils devront disparaître, se fondre dans l'anonymat de la banlieue, pour éviter la fusillade ou la lanterne.

Nous nous sommes ensuite réparti les heures de garde, pour nous permettre, tour à tour, de mettre en ordre nos affaires personnelles. Ces heures, je les emploie à circuler en avant du fort, entre les barrages d'arbres. La lumière du falot semble veiller des cadavres figés dans l'étrangeté de gestes véhéments. Les projecteurs fouillent fiévreusement la ténébreuse énigme du ciel, y tracent des signes où un esprit superstitieux voudrait lire les arcanes de la destinée...

Le lieutenant H... vient me relever. Il m'avoue, en croyant qu'il est, qu'ayant rencontré un prêtre sur la route, il l'a arrêté pour se confesser à lui. Je lui cède la place pour aller brièvement écrire aux miens...

Et voici que la nuit a glissé. Vient le matin sans rapprocher la canonnade. A notre stupeur il semble même qu'elle glisse vers la droite. Elle décrit, les jours suivants, une courbe qui se détend, flotte de plus en plus, finit par se perdre dans l'est.

Nous n'apprendrons d'abord que par murmures ce qui se colporte de la victoire.

Septembre, pendant et après « la Marne », nous apporte des jours fiévreux encore, mais qui secouent le cauchemar passé, tressaillent de la joie de revivre. Une foule, tellement dense qu'il faut l'endiguer par des

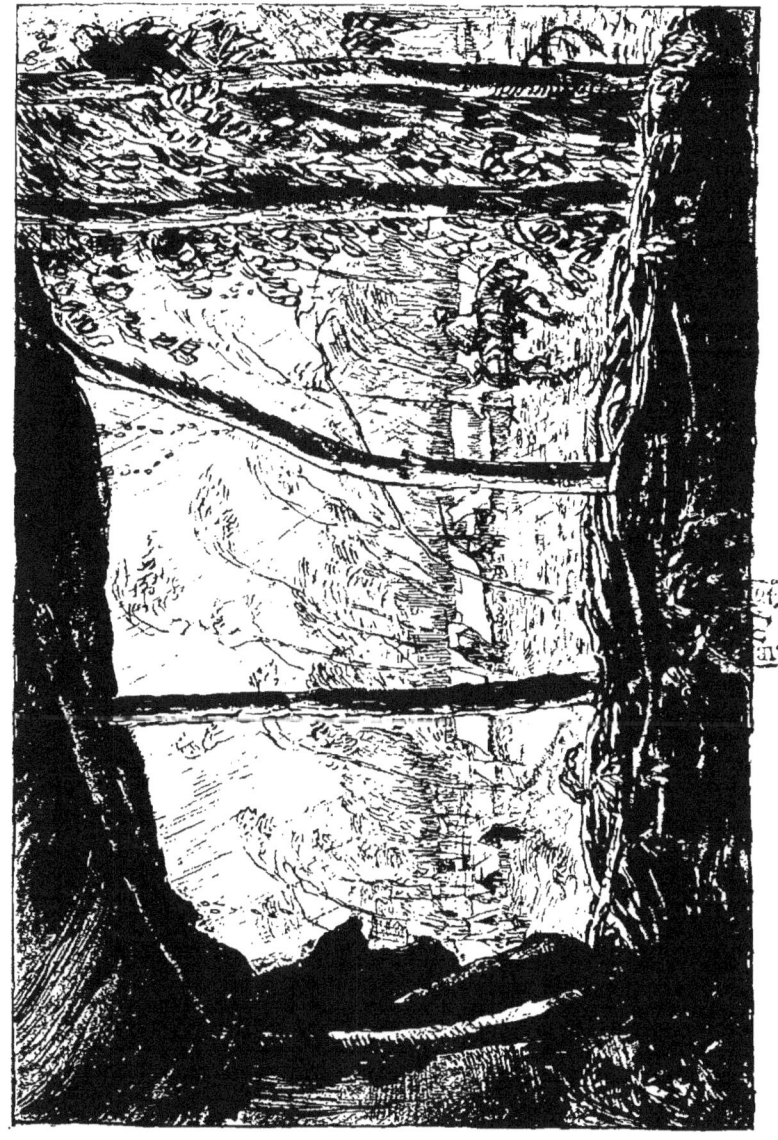

Bivouac devant Verdun. Juin 1916.

barrages de factionnaires, se presse pour voir la défense des forts, les barricades, les réseaux de fils de fer qui maintenant se multiplient. Elle acclame les zouaves porteurs de trophées conquis dans des bois proches, ramenant des prisonniers faits à Senlis, exige, au passage, le déploiement d'un drapeau allemand que l'on transporte aux Invalides. En dépit de l'écœurante odeur qui vient des égouts, des fabriques, malgré les tourbillons de mouches qu'exaspèrent les heures chaudes et malsaines, les cafés du Barrage ne désemplissent pas. Réfugiés, ouvriers des manufactures, les femmes, les désœuvrés, parlent haut, gesticulent, font de la stratégie de cabaret, huent les gens que les soldats ou la police conduisent à la Place comme suspects d'espionnage.

Une nervosité persiste, que le moindre imprévu fait dégénérer en fureur, en panique.

Fureur contre cette femme que l'on a surprise griffonnant des notes, cachée dans les abatis d'arbres, devant le fort. Elle est poussée, tirée aux cheveux jusqu'au poste où tout s'explique. Elle n'est coupable que d'avoir écrit une carte postale à son mari, secrétaire d'un avocat bien connu.

Fureur encore contre cette autre, une grande femme taillée en force, d'allure masculine dans son ample manteau. Elle a (d'un si fort accent allemand!) demandé des pommes de terre frites au marchand du coin!

— Oui, mon lieutenant, un espion déguisé en femme! et pour celui-là, pas d'erreur..., me crie en passant mon cycliste qui a contribué à l'arrestation.

C'est, en réalité, une dame danoise bien connue à Pierrefitte.

Panique?... il faut si peu de chose pour la déclencher!

Un fusilier marin (un de ceux qui, dans quelques semaines, seront à Dixmude), magnifiquement ivre ce soir-là, ne s'avise-t-il pas de remonter la rue de Paris, debout dans une charrette dont il pousse le cheval d'un galop effréné, en hurlant à tue-tête : « Alerte! alerte! » Les femmes crient, poussent les gosses dans des portes qui s'entre-bâillent et se referment; les rideaux métalliques s'abaissent dans un effroyable tintamarre; tout se terre, tandis que l'attelage désordonné passe devant le nez des sentinelles médusées, disparaît dans la nuit...

Une note gaie, parfois, secoue l'ennui envahissant. Un dimanche de la fin de septembre, mes zouaves-artilleurs, que j'ai conservés jusque-là, nous donnent la surprise d'une mascarade improvisée. Avec des couvertures jetées sur deux d'entre eux, un polochon fixé au bout d'un bâton, ils ont figuré un chameau sur lequel s'avance un caïd bouffon. Une nouba infernale accompagne le cortège de ses flonflons, et toute la garnison du fort est là qui s'en donne à cœur joie. Le lendemain, hélas! fini de rire. On redemande mes zouaves pour les envoyer plus près du feu. Ils partent entourés des artilleurs, dont l'escorte d'honneur et d'amitié les accompagne jusqu'à la grande caserne. Elle ne les rend que pour leur sacrifice. Je n'attends pas huit jours qu'une lettre de leur jeune caporal m'annonce la mort ou les blessures d'une douzaine d'entre eux, près d'Arras.

Pauvre Double-Couronne ! ses pierres broyées retombent en cendres sur ces souvenirs !...

Je lis, parmi les noms de ses victimes, celui d'un des télégraphistes du génie. C'était lui qui, lors des mauvais jours, m'annonçait les grandes nouvelles :

— Eh bien ! c'est fait ! On les tient... encerclés dans la forêt de Compiègne... et on y a mis le feu !

Et puis, plus tard, ce fut von Kluck prisonnier avec 80.000 hommes :

— C'est officiel... ou ça va l'être... Un de mes collègues le tient du chef de gare d'Amiens... Il ne passe plus que des trains de prisonniers... Von Kluck est au Cherche-Midi... L'Hôtel de Ville illumine... Oui ! ça c'est ma femme qui vient de Paris et qui l'a appris dans le Métro... Absolument vrai, je vous assure !... Ah ! mon lieutenant, vous ne voulez jamais rien croire !...

MÉNAGERIE

*Ferme Saint-Charles.
Avril 1916.*

A force de vivre dans les bois où foisonne le gibier, le vieil instinct de chasseur et de braconnier s'est réveillé en certains de nos hommes.

Cette mentalité m'étonne bien un peu de pouvoir, à la fois, ressentir la joie farouche de tuer à coups de fusil, de relever la bête étranglée au collet, ou bien d'aimer à recueillir l'animal sans défense, de le nourrir, de l'élever avec des soins naïfs.

Je revois, devant la cheminée flambante de la cuisine des sous-officiers, l'un d'eux qui tire, une à une, d'un panier, trois bestioles grosses comme des rats, aveugles et piaulantes. Ce sont des renardeaux trop tôt arrachés au sein maternel. La renarde a été tuée, alors qu'elle chassait pour ses petits. Ceux-ci ne vivront pas, mais l'excellent garçon, avec un brin de remords au cœur, fait ce qu'il peut pour remplacer la maman.

Il entr'ouvre un à un les minuscules museaux roses et y verse du lait à la cuiller.

Depuis ce premier essai qui fut une déception, notre ménagerie s'accroît de jour en jour : deux petits renards qui ne sont pas, cette fois, des embryons trop sommaires, mais des chefs-d'œuvre de grâce et de malice. Une tendre fourrure de jeunesse, comme de la bourre très fine et gris-violet, et quel fin museau pointu flanqué de deux perles d'un bleu laiteux où brille une étincelle !

Quand la petite chienne, toute pataude, vient à hisser, au-dessus de leur boîte grillagée, sa grosse tête indiscrète, il faut entendre les « iap ! iap ! » que glapissent les jeunes fauves, à l'apparition de cette pleine

Un gourbi.

lune, et voir les dents pointues des deux futurs croqueurs de poulets!

C'est à qui, de chez nous ou de l'unité voisine, réunira les sujets les plus dignes d'admiration. Ceux d'à côté possèdent peut-être les perles de la collection, avec quatre petits sangliers à monter en épingles de cravate.

Grognonnant, s'ébattant, mettant, en plus du groin, les quatre pieds dans le plat, si bien vêtus avec leur robe rayée, bandes noires sur fond jaune clair, grosse tête avec des yeux ronds, ils font penser à des réductions d'automobilistes en pelisses fourrées, munis de leurs masques contre les gaz.

La petite chienne, qui furette décidément partout, a ressenti une peur horrible en les voyant. Elle a fui, oreilles couchées, son trognon de queue rabattu, jetant des regards éperdus en arrière vers les diables certainement à ses trousses. Quand on la prie maintenant de jouer avec eux, comme l'enfant de la maison doit le faire avec les petits camarades invités, elle boude comme une mal élevée, ne redevient brave que du côté exté-

Ravin des Clairs-Chênes. Juillet 1916.

rieur de la clôture. Mais là, en sûreté, quelles insultes elle leur envoie en son langage !

Enfin, si nous ne quittons pas la ferme, tout sera pour le mieux, l'éducation de tout ce petit monde-là se fera sans trop d'accrocs, non point sans coups de crocs ; mais si nous venions à partir, il faudrait nous procurer, pour transporter chats et chatons, chiens, renardeaux et marcassins, laissant à nos successeurs tous les rongeurs indésirables, un de ces wagons-cages comme en trimbalent les ménageries en déplacement.

Pour éviter le scandale, ne serait-il pas indiqué de renvoyer tout ce gibier sur pattes à l'ancienne sauvagerie des bois ?

J'y incline pour ma part, sentant bien ce que doit être l'esclavage, même doré, pour ces bêtes... Et pourtant il y a là, dans les bois, un si doux concert d'oiseaux ! Pour quelques glapissements de joie, de hardis cris de chasse et de liberté reconquise, que d'atteintes féroces à la tranquillité des nids !...

Nous sommes en pleine époque des couvées. Hier, étant au repos après une assez dure nuit de service, un peu somnolent, les yeux et l'esprit vaguant dans le vide, j'ai vu entrer à maintes reprises, par ma fenêtre, deux, puis trois hirondelles. Elles faisaient, avec une naïve curiosité, le tour de la chambre en voletant, puis se perchaient sur un châssis de la croisée. Sortie de la mère en quête d'un insecte. Les deux jeunes attendaient là toutes gazouillantes, elles jouaient, échangeaient entre elles, du bout du bec, un langage de tendresse.

Quoi de plus gentiment banal? Une sentimentale ritournelle, certes, mais aussi quel rythme frémissant, si proche encore des sources mêmes de la vie!...

LA BELLE AU MOUTON

Housselmont.
Mai 1916.

La bonne idée qu'a eue l'état-major de nous envoyer cantonner, et nous seuls, dans ce hameau perché au-dessus du lacis des grandes routes ! D'en bas, on le devine à peine dans son creux de verdure; il y est comme un nid que couve, en aile d'oiseau, l'ombre d'un bois.

Quatre à six granges au plus; une poignée de maisons qui ont l'âge et la couleur des troncs les plus moussus. Elles font cercle, avec leurs vieux visages crevassés, aux yeux songeurs, autour de la fontaine qui jase et raconte des histoires plus vieilles qu'elles toutes, mais d'une voix restée fraîche et jeune, de la jeunesse des choses éternellement vierges de la terre.

Avec bonhomie elles regardent s'installer notre campement éphémère de nomades. Le parc est le long des chemins, sous les pommiers. Dans un verger, les chevaux sont à la corde. On vient de distribuer le fourrage. Un bruit de mâchoires qui broient fait comme un ronronnement dans le silence. Sur les croupes aux robes variées, l'ombre mouvante promène des taches d'or ou d'argent vif.

Toute notre ménagerie s'étale au beau soleil, sur l'herbe grasse. Le chat est sorti ébouriffé du sac où l'avait enfermé son gardien, le tailleur. A l'écart, en bête distinguée, il remet de l'ordre dans sa toilette. La petite chienne est toute à son jeu favori qui est de bouler les deux renards à l'attache. Ils se défendent maladroitement et piaulent. Délivrés d'elle qui court après une pierre lancée, ils s'allongent comme deux sphinx et sortent de leur museau qui bâille une langue courbe

Dombasle, 2 août 1916

et frémissante. Cependant, une mère poule mène ses poussins picorer jusque sous leur moustache. Scène touchante! On s'appelle :

— Hé! les amis, venez zyeuter le tableau!

Le grand C... profère sentencieusement :

— Ben, tu parles que c'est l'union sacrée aussi chez les bêtes...

D... proteste pour ses élèves, dont l'air bénin le vexe un peu :

— Tu vas les croire si poires que ça? Macarelle! attends seulement qu'ils aient la pépie...

— Mais non, c'est qu'ils sont trop verts?

— Qui, trop verts?

— Tu sais bien, comme dans la fable; mais ça n'est pas qu'ils soient trop loin de leur nez, les grains de raisin à deux pattes qui picorent, c'est qu'eux, les renards, ils ont le collier, et ça revient au même.

— Quèque tu bafouilles avec tes raisins?

La discussion s'égare, mais le cercle se rétrécit sur la fable en action... et c'est alors qu'Elle est apparue, et si soudain!

D'où est-elle sortie? De la brèche du

vieux mur, du pré en fleurs ou du tronc creux de l'orme antique?

Avec son mouton blanc qui la frôle câlinement elle a surgi devant nous, parmi nous, et tous se taisent devant l'apparition de cette jeune divinité rustique.

Elle rit au spectacle des renards, se glisse dans le rang de ces hommes qui la dévisagent et, sans gêne comme sans coquetterie, elle promène sur tous un regard de sereine assurance.

Ce n'est point une paysanne, ce n'est point non plus une fille de la ville égarée à la campagne; elle a bien les formes rondes et fières des filles de Vaucouleurs, mais sa grâce de statue vivante est toute pétrie de la robuste candeur de la terre en son printemps... Alors qu'elle riait de la bonne grâce un peu louche des jeunes fauves, le mouton s'est sauvé, pris de peur. Elle court après lui dans le pré. Elle court et disparaît dans le verger. Sa voix qui appelle joue en échos, en claires exclamations de nymphe pourchassée et joyeuse.

La journée a passé...

— Et, qu'attendez-vous donc pour vous marier, la belle fille? Plus d'amoureux sans doute? Tous à la guerre?

Nos jeunes gens, le soir tombé, se sont assis dans l'herbe, forment un groupe pacifique avec quelques vieilles gens et des bambins. Elle est là, elle aussi, assise sur un tertre, le mouton à ses pieds, qu'elle caresse d'un geste lent. La fontaine roucoule dans la pénombre. L'heure est douce aux errants que nous sommes, plus douce et plus mélancolique encore de savoir que nous repartons dès demain.

— Me marier, moi? — Elle rêve un peu. — Il faudrait que celui...

Oh! le mouton! le mouton qui s'échappe encore! Voilà sa boule couleur clair de lune qui cabriole, et la forme légère et rythmée de la belle enfant soudain levée. Ses bras se referment en collier sur la bête bondissante dont se calme l'élan dans la jolie étreinte.

— Heureux mouton! Mais voyez comme elle le serre! Tout comme si c'était Lui...

La voluptueuse tiédeur de la terre fait briller dans l'ombre des yeux de faunes. Une odeur de miel sort des fleurs; une paresse langoureuse nous cloue au sol heureux. Cependant un fin croissant, haut dans le ciel cendré, marque l'heure tardive. Il faut bien donner l'exemple et le signal du sommeil obligatoire.

... Dans le brouillard d'une aube fraîche se lève le bivouac, avec les « holà, ho! » des conducteurs qui s'activent autour de leurs chevaux, le cliquetis des chaînes, le crissement des cordes autour des caisses arrimées sur les voitures.

Cependant on baisse instinctivement la voix devant les maisons, à cause des bonnes gens qui dorment.

Une tresse blonde du soleil sort de la brume comme d'un voile, glisse sur un toit couleur de géranium; « à cheval! » et adieu à l'accueillant pays. Mais de cette maison la porte vient de s'ouvrir. Un sourire s'y lève avec celui du soleil. C'est la jolie créature d'hier.

— Eh bien! crie-t-elle, n'avez-vous pas trop mal dormi avec ces trois petits dans votre chambre?

— Ma foi, non; on a fait bon ménage. Mais j'avais si peur de les réveiller, ce matin, que je n'ai mis mes gros souliers qu'une fois dehors... et le mouton?

— Ah! mon mouton? C'est vrai, il faut qu'il vous dise adieu, lui aussi.

La voici revenue poussant la tendre bête encore ensommeillée.

— Voilà une espèce qui nous manque. Avec lui notre arche de Noé serait presque complète.

Alors elle d'un mouvement spontané :

— Le voulez-vous? Bien vrai, je vous le donne !

— Non, non, gardez votre mouton. Seulement on vous retient la plus belle boucle de sa laine... quand nous repasserons...

Nous poussons nos chevaux. On l'aperçoit encore. Elle est assise sur le tertre, toute modelée de jeune lumière; elle a renoué ses bras autour du cou laineux... Et nous nous enfonçons dans l'ombre qui emplit le fond de la vallée.

SECRÉTAIRE DE MAIRIE

Bainville-sur-Madon.
Mai 1916.

Dans l'air vif du matin, je conduis à bonne allure, le peloton chargé du « logement ». Des paysages neufs défilent. Des villages dorment comme des enfants bien sages, bordés dans le drap blanc des routes encore tranquilles. La « Colline inspirée » se dresse dans la brume de la terre lorraine, comme une pensée qui s'éveille dans l'âme et la domine.

Où allons-nous? Quelle sera l'étape finale de ce repos qui consiste à changer, chaque jour, de cantonnement? L'Alsace, la Somme,

Verdun? Les informations fantaisistes se colportent des secrétaires d'état-major aux cyclistes, de ceux-ci aux unités qui se les passent. Elles tournent en rond et reviennent, avec des fioritures, au premier transmetteur qui se dit :

— Ça doit être vrai pourtant, puisque tout le monde en parle...

Voici Bainville. C'est un effet plaisant d'arriver, éveillé depuis si longtemps, dans un village qui dort encore, à qui le brouillard de la rivière met comme un bonnet de nuit sur ses yeux clos.

Nos regards scrutent de suite le visage des maisons. Est-ce le bon accueil? On suppute le nombre des écuries, la propreté des chambres.

Nous sommes allés droit à la mairie. Elle dort ; elle a même le sommeil dur, car les fers claquant sur le pavé, le bruit des voix et les coups frappés à la porte, ne lui font pas ouvrir les yeux. Seulement un volet de la maison d'en face s'entr'ouvre. Passe une tête de dame mûre en papillotes :

— C'est-y pour la mairie, Messieurs ?

— Oui, nous voudrions bien voir le maire pour le logement.

— Oh! ben, le maire, il n'est point là. Il est mobilisé; mais l'adjoint, il ne répond donc pas?

— Non, pas précisément.

— Mais aussi vous venez à des heures! Allons, ne vous fatiguez pas. Il est sourd comme un pot; je vas vous envoyer le secrétaire de mairie...

Le temps de verser du bidon un quart de café et d'y tremper une croûte, et la grille du jardin livre passage à une toute jeune fille. On voit qu'elle a vite épinglé la masse de ses cheveux bruns au-dessus d'une nuque blanche joliment découverte. Des yeux en long et rieurs; le menton pointu de « Claudine ». Elle rajuste sa camisole d'un geste preste, serre ses jupes sous lesquelles il n'y a sans doute que la chemise de nuit et nous montre une clef en nous criant :

— Voilà!

— Mais, Mademoiselle, le secrétaire de mairie?

— Le secrétaire? Mais c'est moi!

La voilà qui grimpe lestement l'escalier droit montant à la grande salle. Elle, on ne l'entend pas, avec ses chaussons, mais le bruit des souliers, des éperons, lui fait une traîne retentissante.

En haut, une porte s'entre-bâille. Un vieux petit bonhomme ouvre des yeux ronds. Il accroche ses bretelles et bredouille :

— Oh! mais, Mam'zelle Mâg'rite, fallait pas à c't'heure... et y a pas l'feu tout d'même !

— Mais, Monsieur l'adjoint, puisque vous ne répondiez pas! Vous voyez bien que ces messieurs sont pressés.

Monsieur l'adjoint remonte son pantalon, met ses lunettes. Mais le secrétaire de mairie l'a devancé :

— Allons, vite, il nous faut le plan cadastral !

Oh, ce mot de plan cadastral dans la bouche de cette jeunesse! Ouste! elle vous saisit à bras-le-corps un énorme registre couvert de serge noire. Tout le monde se précipite pour l'aider. On a l'air de déménager un piano. C'est porté par dix mains pour le moins, que le monstre plat est enlevé de terre. Il retombe sur la table. L'écritoire en a sursauté de frayeur et la poudre à sécher l'encre s'est réfugiée dans le plumier.

La secrétaire s'assoit dans le grand fauteuil, celui-là même d'où monsieur le maire se lève, ceint de l'écharpe, pour nouer les liens du mariage civil.

On dirait plutôt, derrière un comptoir, le minois d'une aimable vendeuse :

— Alors, Monsieur, combien d'hommes et de chevaux? Nous avons, voyez-vous, pour faire votre parc, un beau terrain entre la voie et la maison d'un tel; il y a déjà eu là une batterie... ou bien ceci, plutôt, près de l'église.

C'est dit du même ton que : « Nous avons cet article-là, oui, Madame; mais voici qui est bien plus seyant... »

— Mais, Mam'zelle Mâg'rite, bégaie le vieux, vôs savez ben que le pré à... il est bon à être coupé.

Il ajuste ses lunettes, se penche sur le plan, et sa vieille tête fait à côté de l'autre l'effet d'une noix à côté d'un abricot :

— Le pré à...? il y a beau temps qu'il

est couché et foulé. Un peu plus, un peu moins !

— Ah, qué malheur que c'te guerre... poursuit le vieux. Ils ont déjà ben arrangé le pré auprès... eu... du p'tit pont, et pour être payé pa... a... a... ar la suite !

— Ça, tranche Mlle Marguerite, c'est de la philosophie ! Il faut bien que ces messieurs se logent, n'est-ce pas, eux, leurs chevaux et tous leurs caissons ?

— Mais y a ben encor', que vô ne dites pas, le terrain, vô savez, qu'est un beau terrain, ed d'l'aut' côté d'la route.

— Mais vous n'y pensez pas, Monsieur l'adjoint ! C'est tout en pente ! Non, non, conclut le secrétaire, il n'y a pas de gêne là où je vous ai dit. C'est dit, c'est fait... maintenant vous n'avez plus besoin de moi ?... au revoir, Messieurs !

Et le secrétaire de mairie saute du grand siège, pouffe sous le nez du bonhomme et s'esquive en secouant sa jolie crinière qui se débande. On entend un pas de souris le long des marches. Une porte claque, puis une grille et le jardin happe sa proie et se rendort.

— C'est dit, c'est dit! marmonne le petit vieux; vôs en ferez ben à vôt choix, mais que j'vô dis... que... que... oh! mais, c'te guerre!

Le plan cadastral refermé conserve encore, entre ses pages, et seul témoin, la suite du discours de l'adjoint...

EN ROUTE POUR...?

8 juin 1916.

Nous avons embarqué, de jour, à Ch... Pour quelle destination ? Le petit jeu des probabilités a repris de plus belle. Après Toul, nous remontons le cours de la Meuse. Habitués aux tristes paysages de la Woëvre, ces prés bien tondus, ces haies tirées au cordeau, les maisons proprettes et comme vernies, tout semble un peu artificiel, sorti d'une boîte de jouets. La Meuse, si menue, coule sur un tapis de fleurettes, en ruisseau de bergerie. Domremy montre, au-dessus d'arbres trop verts, sa basilique en pièces de carton découpé. D'ailleurs, notre train lui-même, à en voir courir l'ombre sur le talus crayeux, sa fumée en coton, la silhouette cocasse des bonshommes, des têtes de chevaux qui s'y projettent avec celle des caissons et des chariots qui ont, perchés sur les trucs, l'air un peu insolite de voitures qu'on promène en voiture, à quelque chose d'enfantin, de remonté à la mécanique.

Même nos idées à nous, de gens que l'on trimbale, sans leur dire pourquoi, se déclenchent, une à une, toujours les mêmes, à la façon de ressorts de pendule.

Dans le petit wagon démodé où voyagent les officiers et les gradés, les pronostics vont leur train-train monotone...

Jusqu'à Neufchâteau il reste des parieurs pour l'Alsace.

— Hein! ce serait un chopin d'aller passer la saison dans les sapinières des Vosges! Un peu cassé sans doute, le jeu de quilles, mais, bien sûr, il en reste encore...

Neufchâteau dépassé, nous remontons vers Bar. La Somme et Verdun restent à égalité.

Verdun, Juillet 1916.

Verdun ne déplairait pas à notre capitaine. Il y a tenu garnison jadis. Il parle de chasses en des forêts tellement giboyeuses, de pêches dans de si miroitantes rivières! On en est prêt à oublier que l'on a dû lui abîmer, depuis, ces paysages idylliques.

Dans le fond, il regrette sa ferme Saint-Charles, le petit potager tout ensemencé et qui levait.

— Nom de f..., que ç'aurait été gentil de pouvoir enfin dîner dans son jardin!

Quelqu'un qui n'est pas fâché de changer d'horizon, avance :

— Il y aurait eu les mouches, les fumiers, les moustiques!

— Et puis, gémit un autre, qui va manger nos radis, se régaler de nos salades?

— Peut-être personne; les limaces...

— Oui, des limaces à deux pattes! C'est enrageant, à la fin, de toujours semer sans jamais récolter!

— Ça, c'est bien vrai! nous autres, en fait de choses toutes plantées, on n'a jamais trouvé que des feuillées remplies, ou, la nuit, des plantations de pieux avec une végétation luxuriante de fils de fer barbelés...

— Ah! tas de jeunes gens, rétorque le capitaine, vous n'êtes jamais contents!

— Pourtant, mon capitaine, c'est vous même?...

— Ah! pardon, moi, je me sens vieux (manifestement il se calomnie), mais si j'avais votre âge, à vous, les jeunes!

Qu'en pense le docteur?

Notre jeune major, lui, s'en fiche. Il hoche la tête comme quelqu'un qui doute de la préexcellence des radis qu'on a plantés soi-même, autant que de la réalité de tout le monde sensible.

Dans le compartiment voisin, on entend:

— C'est la Somme, je te le dis! D'ailleurs, qu'est-ce que l'on irait faire à Verdun? Si l'on n'attend que nous!

— Alors pourquoi n'a-t-on distribué de vivres que pour un jour?

— Ça c'est vrai! On ne sait pas. Mais il ne faut pas chercher à comprendre.

— D'abord on descendra bien toujours

quelque part; en attendant, est-ce qu'on dîne?

Penché obstinément sur la vitre, je scrute l'horizon avec la hantise de l'énigme qui subsiste, toujours indéchiffrable.

Une averse diluvienne vient de noyer le paysage. Le soleil décline dans un amoncellement de nuées batailleuses striées d'éclairs. Comme un archer blessé, il les perce de traits empourprés et semble en faire jaillir du sang. Entêté, je veux y trouver un présage, y voir écrit, en lettres de feu, le nom qui retient l'admiration et la terreur du monde.

A Bar, enfin, on reçoit l'ordre de débarquer à R... Descendre à R... c'est Verdun!...

Libérée de la nuit des wagons, la colonne ressoude ses anneaux à l'aveuglette et roule à travers les ruines de villages vaguement entr'aperçues dans l'aube triste.

Ce n'est que le lendemain que nous entrons, à Rembercourt, dans la zone de la ...ᵉ armée.

Au seuil de la région héroïque, l'église de Rembercourt dresse hautainement le signe de son martyre. Depuis « la Marne » sa poitrine de pierre fleurie est béante. Un soupir douloureux s'en exhale, sous la forme bruissante de vols de corbeaux et du vent qui ronfle dans le vide de sa nef, en orgue lamentable.

Au surplus, ce jour-là, le ciel livide pleure en cataractes. On nous fait arrêter, pour prendre les consignes de la marche sur les routes, du tronçonnement par fractions de voitures. C'est la première initiation aux rites de Verdun.

De l'infanterie nous croise, allant au repos, troupeau boueux, dans un piétinement mou; des batteries dépourvues de leurs canons laissés aux positions à ceux qui les ont relevées, traînent des files de chevaux éclopés. Pendant des heures nous allons, traçant sur la route le sillage de vapeur qui monte des bêtes mouillées et suantes, las nous-mêmes et de la pluie et de ne rien voir encore des spectacles que l'imagination échafaudait.

Enfin, arrivés à la corne d'un bois perché sur la hauteur, c'est comme un écran qui tombe et nous voyons......

On voit un immense moutonnement de terrains se pousser, en vagues d'abord verdâtres et puis d'un jaune maladif et désolé jusqu'au bas du ciel où elles fument comme en ébullition au contact d'un foyer incandescent.

— Voyez ! H... Le capitaine me fait signe.
— Oui, je vois.

Mais je n'ose dire quoi, ne sachant encore placer dans ce chaos ce que j'avais repéré d'avance sur la carte. Lui-même hésite, car, après vingt ans et tant de changement dans la couleur du sol !

— Mais oui, tenez, là-bas (et il désigne à l'horizon les plus hautes vagues qui semblent cracher leur écume sur un récif), Douaumont et puis Vaux plus à droite.

Vaux, nous ne le savons pas, vient de succomber depuis quelques heures, mais d'immenses fumées l'encadrent encore, comme des torchères aux angles d'un catafalque.

Nous descendons dans la vallée et la vision s'enterre; on ne perçoit plus que ce bruit de forge qui martèle la terre et le ciel et tout...

En bas de la descente, on fait halte pour reconnaître le bois où nous devons camper. Il y a là des ambulances et, tout auprès, un cimetière. J'y vois des hommes occupés à creuser de grands sillons. D'autres y déposent des formes blanches. Un aumônier fait le geste de bénir, qui englobe tout un alignement à la fois. Les croix poussent là comme les chardons en terre inculte.

A fin d'étape nous accédons au bois de S... en gravissant des pentes transformées par la pluie en ravines. Nous avons pénétré dans le sous-bois par un long canal de boue liquide. Une voûte d'épais feuillage y maintient la buée comme un tunnel garde la fumée des trains. Tout au bout une éclaircie, et l'on s'arrête dans un vallonnement où l'œil ne saisit d'abord qu'un morne paysage d'inondation.

C'est là que doit se faire notre bivouac. Le creux est rempli d'un ruissellement d'égout. Les pentes sont hérissées de talus en rectangles d'anciennes cagnas. C'est sinistre comme un cimetière noyé dont les tombes auraient vomi un trop-plein d'innommables détritus. On hésite à planter les premiers piquets. La place des couchages, où qu'elle soit, aura, comme matelas, la boue. Il est tard ; la nuit dissout le gris du jour dans le gris de la terre.

Notre cuisinier, les mains sur les hanches, le regard perdu, contemple les limites qui lui sont assignées pour son domaine. Il rêve sans doute à de larges cheminées où s'élèvent des flammes claires, où le beurre se dore dans la poêle pétillante. Il constate que la moitié du matériel est restée dans un chariot en panne sur les pentes, et qu'il est vain de tourmenter des fagots mouillés avec des allumettes qui ne veulent prendre que dans le feu.

Mais, à la guerre, tout s'arrange. On dînera dans la chambre à coucher du capitaine, c'est-à-dire dans le fourgon. Je monte chez mon hôte par l'échelle rabattue. Une fois là, dans cette boîte suspendue entre deux eaux, nous sommes assis côte à côte dans la paille, à goûter la douceur du confortable. Le plafond de toile cintrée vibre comme un tambour aux coups plus forts qui se détachent de l'uniforme tonnerre des lignes :

— Autant de coups tirés, dit l'un de nous, autant de travail pour nous autres. Il faudra bientôt porter leur pâture à tous ces monstres-là. Mais pas ce soir, dans tous les cas.

Je savoure égoïstement la sensation rare d'être sûr de l'heure qui vient.

— Ah! si tous mes pauvres bougres étaient seulement logés comme nous! soupire le capitaine.

Ma chambre à coucher s'installe, pour ce soir, dans la voiture à viande. L'impression d'un tel confort fait que l'on se frotte d'aise les mains; mais nous bâillons après la soupe.

Elle vient enfin. Iturbide nous passe une marmite fumante (comment s'y est-il pris?), mais garde un air éploré.

— Où est la louche? que diable!

— C'est que, balbutie-t-il, mon capitaine, il n'y a pas de louche... mais y a ça, si ça peut faire...

Il présente timidement quelque chose qui

ressemble bien, dans l'ombre, à une sorte de grande cuiller un peu plate.

— Eh bien! donne donc, ça refroidit!

Et gravement, séparés par la marmite, tour à tour nous emplissons de soupe nos assiettes, avec une passoire...

AU BORD DE LA FOURNAISE

Juin 1916.

Ce furent des heures de tension physique un peu fébrile, mais aussi d'éblouissement.

D'avoir un rôle dans l'attisement de cette fournaise, de jeter une part d'aliment à son ardeur, donne la sensation, débordant tout l'être, d'être roulé, activement et passivement tout à la fois, dans un élément nouveau aussi puissant que ceux de la nature, créé par l'ingéniosité et la férocité de l'homme !

Après avoir fourni, vers 2 heures du matin, ce que nous croyons être le maximum de notre effort, j'achevais de récolter les derniers lots de projectiles que j'avais l'ordre de porter aux batteries, quand de nouvelles instructions m'ont enjoint d'avoir à continuer, à porter encore et encore de la pâture à la voracité des 75.

Nouveaux voyages, aller et retour, le cheval servant d'échasses dans les régions forestières où les routes sont des rivières de boue, où les bêtes enfoncent souvent jusqu'aux genoux.

Mais en menant le ravitaillement, quels spectacles !

Tout grondait, air et terre, craquait, s'embrasait dans un cercle immense. Une stupéfiante aurore boréale palpitait sur l'écran nocturne, faisait de la courbe de l'horizon comme une paupière enflammée et clignotante. Le feu rongeait les bords de la cuve où s'abrite Verdun, qui crépite, flambe, s'effrite pierre à pierre. Souville se couronne de flammes comme un volcan. La côte de Belleville s'ourle d'une guirlande mouvante de feux follets.

La nuit courte de juin semblait précipiter,

Verdun, 21 juin 1916.

dans la complicité de rares heures obscures, toute l'intensité du maléfice.

Puis, d'une sorte de chaos, naissait le jour, annoncé par le pâlissement des éclatements sur le ciel brouillé d'une lueur incertaine.

Aux lisières des bois, dans le fond des vallons ouatés de nuées flottantes, les lourds ballons d'observation, vautrés dans leur sommeil comme de grosses larves, préparaient leur métamorphose journalière. Avec les brumes montantes elles se lèvent, ouvrent leurs regards qui épient. Elles ressemblent, avec leurs cordages flottants, à ces yeux auréolés de cils vibratiles, élevés sur de grêles pédoncules, ces yeux qui virent dans les ciels mystérieux d'Odilon Redon...

Avec le crépuscule nous arrivent les premiers renseignements sur la bataille de la nuit, en rumeurs encore éparses. Des artilleurs des bois Bourrus nous annoncent la prise de tranchées sur le Mort-Homme.

Voici d'ailleurs la confirmation palpable du succès sous la forme d'un long troupeau humain s'allongeant sur la route où j'ai fait mettre pied à terre. Ils sont deux cents prisonniers, en masse gris sale dans l'encadrement bleuâtre des cavaliers. Leurs faces, sous les linges qui en emmaillotent plus d'une, portent encore l'hébétude des dernières minutes subies dans l'attaque.

On a retiré ces êtres misérables de l'amoncellement des cadavres sous quoi ils étouffaient. Il y en a de très jeunes. Quelques barbes blondes classiques, brouillées comme leur mine; mais beaucoup sont imberbes ou rasés; certains particulièrement laids. L'un possède, sous un long crâne d'oiseau déplumé, des yeux agrandis par les verres des lunettes, à la façon des chouettes apeurées devant le jour. Mais que lire, sur ces physionomies hâves et ravagées, d'autre chose que l'ahurissement après le cauchemar, sans plus?

Ce jour-là, nous sommes rentrés au bivouac vingt-quatre heures après notre départ. Ceci suivait une série de nuits passées à la mauvaise étoile.

Qu'elles sont longues, les routes, dans la nuit pluvieuse! A ce point de vue nous avons goûté le parfait dans l'abomination. La na-

ture, que je sens à l'ordinaire si souveraine-
ment indifférente, est vraiment, ces temps-ci,
sortie de sa neutralité, devenue manifestement hostile et méchante, comme à dessein.
Mon pauvre cheval, sous moi, semblait
gémir.

Et j'ai ressenti de la pitié, une compassion
quasi fraternelle pour l'humble bête asser-
vie à notre égoïste service. A la sentir si
tremblante, si lasse de tout son être, si
éperdue devant la fatalité qui l'accablait, je
refoule, autant que je le peux, en moi-même, le
jugement peu flatteur que j'ai coutume de
porter contre ce pauvre esclave rivé à notre
sort, en souvenir des heures passées dans
une souffrance commune...

BIVOUACS

Devant Verdun.
Juillet 1916.

Je ne retrouve déjà plus qu'à une échelle bien diminuée le spectacle qu'offrait, à notre arrivée devant Verdun, la prodigieuse agglomération des services de l'armée. Villages, creux des vallons, flancs de coteaux, forêts, étaient autant de vastes champs de foire grouillant de bêtes et de gens.

Dans les enclos vidés du paisible bétail de jadis s'entassaient les troupeaux gris, lourds et cuirassés, des caissons d'artillerie et des autos-camions. Ceux-ci, pareils à des bêtes en fureur, s'échappaient en meuglant par les routes, bousculant le serpent aux mille anneaux que déroule l'interminable ravitaillement. Au-dessus des parcs d'aviation, de grandes libellules luisantes tournoyaient; des abeilles d'acier se posaient auprès de longues ruches géométriques. Un groupement de baraques et puis un groupement de tentes, des abris éphémères bâtis de matériaux hétéroclites, sortaient, à la façon des champignons, de tous les replis du sol. Une bohême innombrable, tour à tour poussiéreuse ou glacée de pluie, campait. Vus de haut ou de loin, des tas juxtaposés d'êtres minuscules, actives fourmis, lents cloportes, s'avançaient en colonnes serrées ou collaient englués à des terrains pétris de boue. Des pistes soulignées par le piétinement des sabots, par les glissades, par l'infinité des ornières, traçaient un lacis indéchiffrable de canaux et de trous d'eau jaunâtre.

D'anciens vergers, devenus squelettiques, dissimulent tant bien que mal des rangées de chevaux à la corde. Maigres vestiges eux-mêmes, ils portent avec peine, sur quatre quilles entrées dans le sol mou, de pauvres formes sales, aux os saillants. A des perches pendent, comme de longs viscères, les harnachements encroûtés d'une boue qui ne sèche pas. Non loin, des hommes s'agitent autour de trous fraîchement creusés. Ce sont des bouchers autour des chevaux morts. De petits tas de peaux aux poils sanglants, c'est le dernier présent qu'offrent à l'homme ses compagnons de peine.

Ils gisent, ballonnés, grotesques, exhibant d'affreux tons d'un rose trop vif, écœurants dans le gris terne du paysage.

Ce gris fangeux règne partout. A part quelques taches de moisissures fanées que font les bois, les damiers chlorotiques des moissons abandonnées, qui vont se diminuant de jour en jour, c'est le ton des routes, des croupes ondulant en vagues mornes jusqu'à Verdun, et de là se poussant, plus tumultueuses encore, jusqu'aux forts de la rive droite, jusqu'à Douaumont.

Ce sont les gradins d'un grand cirque d'où chacun, à son heure, descend vers son foyer où Verdun fume comme l'autel du sacrifice. Au-dessus, la coupole d'un ciel livide referme sa tristesse infinie...

Dans notre bois de Sivry, la limite du tassement semblait atteinte : échelons de batteries, sections de munitions, se disputaient le terrain pied à pied. La hache abattait, déblayait, créait des clairières où poussaient, en un jour, des campements nouveaux.

Il subsistait encore, autour de notre bivouac, un demi-cercle d'épais taillis. Là s'étaient réfugiés tout ce que la forêt comptait d'oiseaux chanteurs. Nous l'aimions, notre grande volière! mais ses jours étaient comptés... Une équipe de bûcherons a passé comme une bande de criquets dévastateurs; les branchages sont allés aux feux des cuisines, les perches et les rondins à la confection des cagnas, des abris de chevaux.

Les chevaux! Il faut avoir vu les corvées d'abreuvoir... Deux fois par jour, la fourmilière entre en effervescence, s'allonge, s'étrangle dans les tunnels des chemins forestiers, dévale le long des pentes, s'irradie en colonnes comportant elles-mêmes plu-

Bivouac du bois Saint-Pierre.

sieurs files. Cela se précipite aux auges trop étroites, se bouscule, s'ébroue, rue, patauge, s'arrache à la glu, se heurte aux arrivants, se débande, se retrouve et regagne, par l'infini réseau des pistes zigzagantes, le couvert de la forêt. Il n'y a pas un pouce du sol que des sabots n'aient foulé. Son tapis de lierre rampant a sombré dans un immense lac fangeux que les souches, les débris d'anciens bivouacs, hérissent d'écueils.

Plongé dans ce cloaque à sa base, l'arbre est guetté par un autre fléau. Marquée de stries, déchirée en lanières, l'écorce lacérée atteste l'attache, même passagère, des chevaux que régale ce mets savoureux, à portée de leurs dents.

Mais, au-dessus de cette lèpre, les troncs mosaïqués du chêne, les lisses colonnes grises du hêtre alternent et confondent les bouquets de leurs belles frondaisons.

C'est un nuage de feuilles qu'ils interposent entre nos cachettes et les avions qui les guettent, tellement épais que, du sol, nous distinguons à peine, entre ses flocons verts, les vrais nuages.

La pluie qu'il arrête, comme le ferait un toit, ne descend que lentement jusqu'à nos tentes. Mais longtemps après qu'elle a cessé, l'égouttement interminable fait, sur les toiles, un tapotement mélancolique. Monotonie qui berce, attriste et n'est pas sans grandeur. La pluie elle-même, toute déprimante qu'elle est, à la longue possède ses mirages. Elle crée, sous les hautes futaies, une atmosphère où l'on est plongé comme dans l'eau glauque d'un aquarium. Sol de vase, panaches ondulants des hêtres en algues lentes. La surface des eaux, c'est le ciel entrevu comme un plafond de cristal trouble. Un rais de soleil en descend, illumine, tout en bas, la croupe d'un cheval blanc qui s'irise comme une perle.

La nuit venue, les tentes aux toiles mouillées, éclairées du dedans, s'alignent en rangées de veilleuses au bas des gigantesques candélabres que sont les arbres, si hauts qu'ils semblent porter, au bout de leurs branches, en fait de lumières, la petite flamme des étoiles...

L'ALLÉE FUNÈBRE

Montzéville. Cote 232.
Juillet 1916.

ENTRE toutes ces nuits gorgées de pluies diluviennes, il y en eut une, par hasard, qui fut toute de cristal noir, pleine d'étranges reflets.

La lune, en sa plénitude parfaite, fixait un paysage de désolation.

Sa coupante clarté ciselait en bijouterie de deuil une allée de hauts arbres rangés en alignements de suppliciés, détaillait l'arrachement de leurs nerfs, leurs bras renversés en palmes funéraires ou fauchés dans leurs gestes de suppliants.

Les trous d'obus emplis d'eau posaient de larges vasques au pied de chacun d'eux, comme pour recueillir leurs larmes.

L'allée muette, bordée du fouillis innommable des choses projetées dans le tourbillon des éclatements, encadrait, dans son arche terminale, une torche faite du brasillement d'une charpente incendiée.

Une flamme la rongeait lentement avec l'implacable certitude de n'être point troublée dans son festin.

Paysage sinistrement solitaire où, seul vivant, un cheval fuyait en clopinant affreusement sur trois jambes, l'une d'avant coupée au ras du poitrail.

Toutes choses, à part ce signe éperdu de la douleur, s'immobilisaient dans la perpétration de quelque rite stupéfiant en l'honneur du Mal. Vers lui flottait le nauséeux encens de la fumée mêlée à la pourriture...

Au sortir de ces ruines, l'oppression s'allège un peu, bien que le danger s'accentue. Les arbres spectres ne forment plus cette voûte qui condense et emprisonne l'effroi.

Verdun, 23 juin 1916.

Précipités sur le sol, ils ne portent plus leur ombre maléfique sur la route.

Celle-ci va, défoncée, loqueteuse; elle s'affaisse, se noie, se raidit et s'efforce quand même vers son but, et, fière de ses blessures, parée du double collier glorieux des trous d'obus, elle brille ouvertement sous la lune.

Mirage qui ne doit point trop retenir. Il faut franchir en hâte ce passage, trop souvent pris sous les tirs de barrage.

D'ailleurs les abris se multiplient dans les talus de la route. De falotes cités y bombent des toitures cuirassées au-dessus de leurs cellules souterraines. Des portes strictement fermées à toute infiltration de lumière ouvrent sur des escaliers tortueux, des galeries en sapes de mines qui se vrillent dans les couches profondes.

Là où s'éteint l'ébranlement des plus massives avalanches se retirent et dorment, dans un demi-repos, ceux qui participent au va-et-vient des tranchées.

C'est l'extrême limite du voiturage par chariots, caissons ou voiturettes de mitrailleurs.

La route cesse; sa mission remplie, à bout de forces, elle s'enterre d'elle-même, se résout dans la ramification des boyaux.

Rien de vivant ne fait plus saillie sur le sol; tout se glisse, se tapit sous la résille sonore qui emplit l'espace de miaulements furieux, de retentissements métalliques...

MOSAÏQUE DE BLANCS ET DE NOIRS

Rampont.
Août 1916.

J'ai quitté, avec le bivouac du bois de Sviry, la solitude de la haute futaie, pour tomber ici en plein bariolage d'humanité.

De mon logis moitié tente, moitié cabane, caché sous les branchages au-dessus de la route, je vois s'animer sous mes yeux cette vivante mosaïque.

Je vois l'équipe des prisonniers allemands qui déchargent du matériel, font la soupe en plein air, s'assoient, se lèvent, font demi-tour et puis s'en vont, en marionnettes grises et raides, dans l'encadrement des baïonnettes de poilus qui en ont vu bien d'autres, redevenus placides et pas féroces pour un sou.

Je vois, le long de la rivière (où le capitaine G... rappelle qu'il a pêché la truite!), des hommes qui descendent des tranchées. Ayant enfin trouvé de la vraie eau, ils ont mis bas chemise et tout le reste (il n'y a pas de dames...). Sur le semblant de verdure leur nudité fait des taches d'un ton d'abord indéfinissable qui se mue vers le rose chair, au fur et à mesure du savonnage. Cela donne lieu à des recherches minutieuses que suit le geste lent et comme désabusé de renvoyer au vent et à d'autres qui en hériteront la graine trop vivace couvée depuis des jours...

Je vois encore, et c'est le plus beau, le bleu et jaune, où luit le bronze des faces, de beaux nègres (certains pourtant bien plus jolis que beaux, d'autres franchement lippus), que nous envoient le Sénégal et le Congo, aux formes non point marchantes sur les routes, mais plutôt glissantes et dansantes.

Il y en a qui, les deux mains levées vers

les épaules, en anses de vase antique, portent de l'eau, d'une démarche souple, à petits pas, un peu féminine, mais surtout faite de la grâce des êtres accoutumés à vaguer nus sous le grand soleil du bon Dieu.

D'autres cassent, prosaïquement, des cailloux au bord de la route; mais ils mettent à cela je ne sais quoi de hiératique que l'on a déjà vu sur les fines sculptures méplates des stèles égyptiennes. Accroupis ou à genoux, se faisant face, ils chantonnent indéfiniment, à la façon nègre, avec un refrain qu'ils se renvoient pour se faire rire : « Et a cassa la caillou, et a cassa la caillou!... »; et lorsque vous passez près d'eux, de quelle façon ils vous regardent, de bas en haut, en levant seulement les yeux, sans bouger la tête!...

Quelle mélancolie dans cette mélopée naïvement drôle qu'arrête, trop souvent, une tousserie, les pauvres !...

Tout cela travaillote, fournit un rendement continu, mais pas intense.

— Travaille, moi, manière Sénégal!... disent-ils, avec un rire de dents blanches.

Pour l'établissement du « tacot », où on les emploie en nombre considérable, on a imaginé le système suivant : l'équipe au repos chante pour rythmer le travail des autres, un caporal d'une voix de tête, les autres en basse.

On voit cent bras de bronze s'élever à la fois, marquer un temps, puis s'abaisser cent pioches.

Quelques chanteurs ont, au surplus, saisi des gamelles ou des pelles qu'il frappent pour corser la cadence; un autre, se tapant sur les joues gonflées, fait le tambour. Et quand le hasard veut qu'un groupe de prisonniers les croise, ils ont la malice un peu féroce d'ajouter, à la fin de la strophe, et avec quelle pantomime de la main passée sur le cou :

— A puis, couic, couic, les Boches !

Journée finie, si le soleil anime la longue frise du retour aux bivouacs, dans les poussades et la joie primitive traduite en attitudes toujours rythmiques, on croirait voir défiler les figurants du ballet de Sheherazade.

A quelques kilomètres d'ici, le décor

change, la figuration plutôt. C'est le grouillement silencieux des Annamites ajustant leurs gestes menus aux exercices de l'infanterie : l'Extrême-Orient après l'Afrique ; les plus vieilles races du globe appelées à la rescousse, trempent de leur sueur et de leur sang l'acier de la forte chaîne qu'il faut pour lier la Bête...

LA NEIGE SUR LE BIVOUAC

Bois des Fouchères.
18 janvier 1917.

Ce matin, mon ordonnance, en ouvrant la porte de ma cagna, m'est apparu, passe-montagne sur les oreilles, auréolé d'une buée de frimas.

— Eh bien, P..., quel temps fait-il donc?

Lui, de son accent béarnais qui roule :

— Eh bé, il y en a de la neige, mon lieutenant!

— Tombée ou qui tombe encore?

— Oh! il n'en tombe plus maintenant, mais, Diou vivant! il en est tombé, oui, tout comme en nos Pyrénées...

Dans mon « sous-marin » (nous avons donné ou recueilli ce nom qui dépeint bien l'abri dont la croupe blindée émerge à fleur du sol et porte un tuyau de cheminée en guise de périscope), dans mon « sous-marin » on ne boude pas à la neige. La pluie, ah! voilà l'ennemie. Ces jours derniers, avant le froid, l'eau coulait en filets sournois le long des nervures des tôles cintrées, étendait lentement une mare sur le sol. Et puis, il n'y a rien d'odieux, pendant le sommeil, comme la goutte d'eau froide, à intervalles réguliers, sur le visage. Ça, c'est le cauchemar, mais la neige!...

Vite levé, je m'empresse à mon hublot. Une masse de neige le surplombe, arrondie et molle comme une patte de chat qui dort. Comme griffes, une rangée de cristaux de glace arqués en menus quartiers de lune.

Dehors, aussitôt grimpées les marches qui escaladent le parapet entre rondins et gabions, c'est l'éblouissement.

Non, moins et mieux que cela... l'étreinte impérieuse du silence. Un silence qui assoupit jusqu'à la rage des hommes, car aucun bruit de canonnade ne monte du front. Une longue série de gels et de dégels successifs a préparé à la neige un lit où elle s'est étendue avec une langueur, avec une majesté sans pareilles.

Ses ondes, presque immatérielles, se propagent, par nuances infiniment douces, jusqu'au ciel gris où elles se fondent.

Derrière moi, le bois est un décor de vieil argent et de cristal.

Ce qui tient du prodige, c'est l'immobilité parfaite de tout cela.

La Nature vient d'enfanter un chef-d'œuvre. Il semble qu'elle en a conscience, ne bouge plus de crainte d'en détruire le moindre détail. Même, elle a eu bien soin de ne pas allumer son soleil dont l'éclat pourrait fondre une matière aussi fragile. On songe à l'enfant qui tient ravi, au bout de sa tige, la petite sphère parfaite et si tremblante, des grains ailés, qu'un souffle ferait s'évanouir, et qui n'ose sourire qu'avec prudence.

J'avance à travers le bivouac. Je ne le reconnais guère. Certes, un enchanteur a passé par ici, cette nuit.

N'est-ce pas sa baguette qui a tracé, là, sur la neige, ces empreintes cabalistiques? Puis il s'est mué dans la forme du merle moqueur qui ricane là-haut, derrière une grosse branche.

Non, tout cela, c'est bien chez nous; la neige y joue sa féerie, voilà tout. Il suffit de bien ouvrir les yeux et de comprendre.

Voici les cabanes recouvertes de leurs toiles de camouflage; mais sur leurs manteaux aux tons d'automne factice, la neige a posé de moelleux rangs d'hermine bordés de stalactites; aux filets de rafia elle a fixé une scintillante verroterie. Une frise étrange court le long d'un toit; il s'y alterne, dans une rigoureuse symétrie, un motif de longues aiguilles de glace irisée avec la géométrie de branchettes porteuses de givre. Où ai-je déjà vu pareille fantaisie? peut-être dans quelque image enfantine d'un livre russe. Oui, Bilibine ou bien Benois n'ont eu qu'à regarder l'hiver de leur pays. Avec eux, je saisis, en chaque branche enrobée de cristal, en toute feuille morte enchâssant d'une griffe de vieil or une fleur polaire, un motif qui se

Montzéville. Novembre 1916.

réalise mentalement en décor, et je souffre en même temps de cela, de cette transposition rendue obligatoire par l'empreinte du métier; j'ai honte de ne pas apporter, en cette initiation, les sens d'un primitif.

Seuls les yeux de l'enfant savent transformer en pure joie la mystérieuse candeur de la neige.

Pour mieux communier avec elle, je me suis enfoncé dans la solitude du sous-bois. Je me meus sous une résille argentée. Elle retient une lumière grise, comme irréelle, suave et triste. Je m'arrête pour ne pas profaner la virginité de la couche neigeuse, et dans mon immobilité je perds toute notion de moi-même et du monde. Une solennité inconnue, trop vaste pour un vivant, règne et m'écrase. Dans ces Champs Élysées de blancheur, il faudrait être une ombre. Oui, ce beau silence glacé, l'aile du Temps qui ne bat plus, figée en marbre immaculé, ce sont là les pâles jeux de la mort...

Je m'arrache à ses prestiges en rebroussant chemin.

Sur la route, je me retrouve dans le réel,

mais si étrange encore, par la simplification insolite des lignes et des plans ! Les personnages qui s'y meuvent, hommes qui marchent, chevaux qui glissent, y écrivent en signes précis la stylisation de leurs gestes.

Je vais ainsi, glissant sur le sol verglassé, jusqu'au bois Saint-Pierre. Là, je retombe dans la féerie.

La route centrale s'ouvre sous la haute futaie. Les grands hêtres tendent l'un vers l'autre leurs bras, comme des nœuds de serpents hiératiques chapés d'hermine, et de leurs branchages ramifiés à l'infini bombent un dais royal à une hauteur vertigineuse. De colonne à colonne, le réseau des fils téléphoniques gainés de glace, tendent des colliers de longues perles.

Un Orient bizarre semble ici avoir accumulé ses fantômes. Ce que je vois des charrettes du cantonnement, rangées en cercle, brancards levés, roues ouatées de neige, semble dû au ciseau délirant d'un sculpteur fumeur d'opium : carapaces de crustacés, dos de batraciens, ailes repliées de papillons géants ; c'est, dans une cachette de ténèbres vertes, béant, accroupi, antennes et défenses dressées, un cénacle de bêtes prodigieuses.

Puis je me retrouve sur la route et je ris de moi-même et d'une imagination aussi désordonnée.

Ici les objets s'expriment de nouveau avec clarté; je m'intéresse aux taches mouvantes des convois. Sur la piste blanche et ses ombres bleues, les chevaux blancs, eux aussi (mais tout est relatif), semblent du plus bel or.

En haut de la montée, des fantassins s'arrêtent et soufflent. L'un a pétri une boule de neige qui va s'étoiler sur le casque d'un camarade. Le jeu prend et s'organise en bombardement des cyclistes qui passent. En voici un. Attention! Pan, pan!... Il est raté, mais de bien peu. Dos fuyant, mais tournant la tête, le cycliste interpelle :

— Hé! dites donc, vous, là-bas!

Le caporal fait le geste impérieux de cesser le feu :

— Vous n'êtes pas maboules! Voyez pas que c'est un capiston?

— Bah ! il est loin, y n'a pas cru que c'était pour lui...

— Non, au contraire... et puis en route, les gars !

La nuit n'est pas loin ; courbés sur des bâtons, la bande des porte-sacs reprend la route.

Je regagne mon bivouac. Du haut du « sous-marin » j'embrasse l'immense champ de neige qui n'est plus qu'un linceul où s'étend le jour pour y mourir.

Et voici que, sans bruit, au pas feutré de leurs chevaux, s'avance le lent défilé des voiturettes de mitrailleurs.

Assis très bas, entre deux roues qui, de loin, disparaissent, emmitouflés, couverts de peaux, ils semblent des Lapons dans des traîneaux attelés de rennes, sur la banquise.

Encore une fois l'irréel me ressaisit. D'où viennent les ombres qui glissent dans le silence ? d'un mirage hyperboréen ? du pays de la reine Mab ?

ÉPILOGUE

De la cote 357.
Janvier 1917.

Je suis revenu, pour la dernière fois sans doute, à cet observatoire incomparable, à l'arrière immédiat des lignes, qu'il embrasse depuis l'Argonne jusqu'à la Woëvre.

Plus que les griffes des saisons, qui furent, cette année, si dures aux œuvres de la terre, les orages déchaînés par les hommes ont fait à ce sol torturé un masque de souffrance à l'image de celui de ses défenseurs.

Aujourd'hui, le maquillage ingénu de la la neige en cache les blessures. J'ai peine à reconnaître, dans ce grand paysage placide, le cirque tragique qui rougeoyait et trépidait lors des grandes attaques. Je lis cependant, comme une immense carte, ces lieux devenus familiers. Avocourt disparaît, comme une épave sur une grève saccagée, dans le flot moutonnant de la forêt de Hesse. Le double promontoire où Esnes cache sa ruine, fait écran à la cote 304 ; mais, au loin, un piton le domine, Montfaucon, aire de rapace où nicha le rejeton du Vautour impérial.

Et voici devant moi, sous l'œil même, le Mort-Homme figé comme une pesante vague de boue. J'y perçois confusément les sillons des tranchées où j'ai erré, des parapets où j'ai rampé en quête d'obus ennemis qu'il nous fallait détruire. J'entends les hurlements, sous les pétards, des bêtes mauvaises frappées à mort, le jaillissement énorme de leurs entrailles projetées. Mais le plus beau, c'est, comme je l'avais vu, le Mort-Homme, par un lent crépuscule de juin, transformé en fontaine lumineuse dont les jets d'eau seraient des jets de feu. Sa crête secouait une vapeur sanglante piquetée des dures étoiles que font les coups fusants. J'en cherchais la correspondance, à quelques secondes d'intervalle, avec les départs vomis du grand ampithéâtre noyé d'ombre à mes pieds, comme d'une gueule de dragon en furie. Plus loin, les bois Bourrus, bombant un dos de hérisson, crépitaient, semblaient par tous leurs piquants lancer des flammes. Évadées des tranchées, de lentes fusées escaladaient le ciel, y rampaient en chenilles lumineuses; plus haut encore, des avions aux prises mêlaient les jacassements furieux des mitrailleuses.

Tout ce que l'œil pouvait embrasser de la terre et de l'espace flambait. La rive droite étageait des zones de lumières où Vaux et Douaumont, pareils aux grands sommets dans l'orage, attirant la foudre, s'auréolaient d'aigrettes de feu.

Avec l'horizon de la Woëvre commençait la zone d'ombre, coupée çà et là de taches de lumière mouvante, comme si le sol y avait été frotté de phosphore. C'est ainsi qu'apparaissaient les camps d'aviation pendant les vols de nuit.

Aujourd'hui, un brouillard glacé ceinture les hauteurs de la rive droite. Belleville, Froide-Terre, la côte du Poivre, nouent à leurs épaules neigeuses l'écharpe grise élevée des méandres d'un fleuve. Verdun est là et c'est la Meuse. La Meuse? N'est-ce pas le deuil de sa destinée qu'elle traîne ainsi sous ce long voile? Née en terre si française, heureuse encore d'avoir baigné les prés où rêva la Pucelle, la voici, à Saint-Mihiel, jetée à l'injure allemande. Elle y échappe frémissante, court à Verdun, se couche à ses pieds, comme une chienne fidèle à ceux de sa maîtresse, hésite à suivre une route qui l'en arrache, s'y résout, revient, hésite encore avant de se précipiter, entre Cumières et Champ, à la fatalité de son destin qui la rejette à l'esclavage... Verdun! je revois la fière cité changée en nécropole. La cathédrale n'est plus qu'une chapelle funéraire, la gardienne des tombes étagées dont les dernières se penchent sur le fleuve. Celles-ci confient un fragment de leur cœur brisé à la piété de l'eau qui cache en son sein ce souvenir...

Ce qui frappe surtout dans ce désastre, c'est l'étrange sonorité : celle d'un appartement vide ou qui règne sous les voûtes d'un monument désaffecté.

Sur la place où est encore la statue de Chevert, je m'arrête, appuyé à la pierre ébréchée du quai. J'emplis mes oreilles de ces retentissements insolites des ruines. Les pas de quelques errants, hommes de garde, corvées passant sur la rive droite, éveillent des échos multiples qui se heurtent et s'entremêlent. Un gravat qui choit de la blessure d'une chambre dans la rivière, remue dans l'air des ondes de sonorité infinie, comme elle a, dans l'eau, propagé, de proche en proche, sa petite vague circulaire. Parfois un éclatement dans l'air ou, près du sol, le départ d'une pièce, claque avec l'intensité d'un coup de marteau sur une formidable enclume.

Je remonte une rue grimpante de la Ville-Haute. Une chute de moellons s'écrase sur le sol avec le bruit que fait une pelletée de terre sur un cercueil. On provoque l'écroulement partout où menacent les murs restés debout.

Je vois un civil, qu'accompagne un gendarme, pénétrer dans une maison ruinée. C'était sa demeure. Il vient fouiller dans les décombres. Chercher quoi? je ne sais; mais ces mains tâtonnantes dans les cendres du foyer, ce regard levé là où était une chambre, où ne s'encadre plus qu'un pan de ciel quadrillé de poutres noires, ces bras las qui semblent dire : « à quoi bon? » et puis qui reprennent obstinément leur recherche, déblaient, empilent, mettent peu à peu un semblant d'ordre dans le chaos, tout cela exprime l'attachement gardé aux choses qui furent siennes...

Il faut bien compter sur l'entêtement de l'Homme à reconstruire.

Comme je m'étais penché, ce jour-là, sur le cœur de Verdun, je me penche aujourd'hui sur son corps. Ce sol, ces collines, ces bois grondants, n'est-ce pas là ce grand corps mutilé, mais qui lutte? ces routes qui le sillonnent et courent sous sa chair, les artères portant aux membres la force de réagir et de frapper? Ce corps, je le regarde vivre et palpiter.

Aux bois Bourrus.

Le froid l'étreint mais, ne l'engourdit pas; et cependant l'hiver frappe aujourd'hui comme une hache.

Un ciel glacé où se cousent les pièces flottantes de nuées chargées de neige, traîne sur l'horizon comme un filet. Il y cueille le poisson rutilant du soleil. Je vois l'astre se débattre dans des vagues laiteuses et disparaître. De la nuit qui s'épand, voici que sourd le bruit familier, le bruit sempiternel des convois à qui l'obscurité livre les voies du front : caissons de munitions, chariots portant grenades et artifices, cuisines roulantes, voiturettes porte-mitrailleuses, et la troupe des ânes de tranchées, si courageux, mais que maudit le cavalier pressé, lorsqu'il se heurte à leur pas têtu qui ne s'écarterait jamais d'un pouce pour faire place. Tout cela roule, piétine, patauge par les mêmes chemins, dans les mêmes ornières que j'ai suivies moi-même, où je vois leurs formes anonymes glisser vers le gouffre de la nuit protectrice et traîtresse à la fois.

Je les suis mentalement par les chemins tracés dans ma mémoire. Je sais où vont ceux-là, à G... sans nul doute. Là, près du petit pont, un guide transi et somnolent se nommera. Je m'engage à sa suite dans le bois. Jusque-là tout va bien ; malgré l'obscurité, la route se dessine par la silhouette connue des arbres sur le ciel. Avant la clairière, je retrouve ce chêne fauché en son milieu qui est venu se replanter verticalement dans le sol et semble y repousser. J'en sais d'ailleurs un autre, dont l'immense tronc a tournoyé en l'air pour retomber et rester en bascule sur son pied saillant du sol. C'était du temps où le feu de l'ennemi s'abattait sur le bois, de la droite à la gauche, de l'avant à l'arrière, sans réglage, avec la violence aveugle d'un énorme hachoir frappant partout et sans relâche, dans l'espoir d'arriver à broyer quelque chose.

Mais quelles répliques de nos pièces! et qu'il n'était pas bon d'être surpris au passage dans leurs flammes tonnantes jaillies soudain du sol. Les chevaux, comme mordus au poitrail, se cabraient ou s'immobilisaient jambes flageolantes.

— Tiens! ce sont les 75 du groupe X...

sur la droite ; gare aux 220 tout à l'heure, à la sortie du bois...

Un jet de feu sort des broussailles à ras de terre, enlace les troncs, en fait des torches flamboyantes et les rend aussitôt à la nuit. C'est une seconde de clarté folle ; tous les détails de la route, les branches qui se dressent comme des bras épouvantés, entrent en fragments éclatants jusqu'au fond des yeux, et brusquement la nuit y reflue en masses plus opaques... Un autre départ jaillit aussi farouche, frappe la nuit comme d'un glaive... Chaque fois que le voile noir retombe, on a l'impression d'être aveugle et sourd.

Mais nous avons franchi le bois et quitté la route. Dans quoi enfoncent les sabots de mon cheval ? Un brouillard épais nous enveloppe. Je sais que Chattancourt doit être là, mais le mur fluide qui m'en sépare est impalpable et amorphe. Cependant, je l'ai aperçu, l'autre soir, à la lune. Les décombres faisaient comme une grande mâchoire broyée, dressant des chicots blanchâtres. A-t-elle sombré depuis dans la boue qui la

Bombardement sur le Mort-Homme. Juin 1916.

guettait? Mes yeux désespérément ouverts ne perçoivent qu'une humide ténèbre où le feu des batteries fait, par endroits, des taches roses. Je suis, pas à pas, le guide; j'entends derrière moi les chevaux qui halettent, l'eau qui gicle sous l'écrasement des roues; les bêtes glissent, tombent à genoux dans les pièges des trous d'obus. Les conducteurs jurent, mais à gorge voilée, pour ne pas éveiller, semble-t-il, quelque être malfaisant guettant dans les ténèbres. Je sens qu'on ne me suit plus. J'ai bien franchi, à la suite du guide, le petit pont étroit qui traverse le boyau, mais la première voiture a-t-elle passé? Non, car j'entends quelque chose qui se débat furieusement par terre; des sabots battent l'air, frappent contre du bois et du métal. Je devine la masse mouvante sans la voir. Soudain, un grand éclair enveloppe une vague forme renversée dans un trou, le bras d'un homme qui brandit le fouet, un profil de roue qui tourne dans le vide. Le tonnerre monte, en même temps, du sol qui oscille. On ne voit plus rien, mais voici le souffle de l'éclatement qui se propage en bondissant, vient sur nous comme un tumulteux bruit d'ailes poursuivant la fuite sifflante de mille insectes.....

Au retour, nous franchissons encore l'espèce de forge étincelante qu'est le bois, et longtemps encore son tumulte nous poursuit. Voici retrouvées les routes que l'approche de l'aube va bientôt rendre désertes. Nous croisons des convois qui rentrent, eux aussi, des faces blêmes comme les nôtres, des chevaux harassés qui vont par gestes mécaniques.

La grande frise de feu, au-dessus des lignes, pâlit dans le jour indécis et qui traîne. La nuit s'attarde comme une victime volontaire sur le bûcher. Dans les champs, les alouettes, trompées par ce fantôme de clarté, pépient à terre sans s'élever encore, hésitantes.

Je me retourne maintes fois sur ma selle, ne pouvant détacher les yeux de la fournaise dont je m'éloigne.

En haut de la colline où nous nous retirons, se précise notre aire d'oiseaux de nuit. A la lisière du bois, les arbres regardent au loin, par-dessus nos têtes, la ronde éperdue des follets qui tourne à l'horizon, et c'est comme une grande foule figée dans la contemplation d'une nuit shakspearienne. Ses rangs s'écartent devant nous et se referment. Nous voici rendus à l'hallucination de la nuit. L'uniformité des troncs abuse nos yeux las. Un décevant jeu de cache-cache nous fait virer dans un dédale de formes équivoques. Des bras sournois, des mains griffues nous happent au passage. Aux pieds des chevaux, des souches se resserrent comme des pinces. Voilà que des hennissements s'élèvent non loin de nous. Sont-ce les chevaux de la ...e? Mais ne devraient-ils pas être à notre droite? et c'est à gauche qu'ils lancent d'ironiques appels. Les mulets de la ...e y répondent. On dirait les éclats de rire de grossières divinités des bois. Voici bien, cette fois, des chevaux à la corde. On distingue leurs formes immobiles, leurs dos arqués sous le froid du matin, et puis, tout près, cristallisées en volumes géométriques, se précisent nos tentes. D'une hutte de feuillage, une fumée monte comme un encens vers la lune. Yeux vacillants, je la regarde et crois voir une perle baroque pendant à une branche. Sous son masque pâle les bouleaux sont doublement lunaires; mais le matin commence à les roser. Mes genoux chancellent en sautant de cheval. La flamme pétillante d'un foyer est là comme un cœur qui réchauffe. Nous nous groupons autour. On nous verse le café brûlant. Quelle sensation de bien-être infini coule en nous !... Comme des primitifs, nous nous serrons, les membres détendus, emplis d'une mystérieuse béatitude, devant l'élément sacré, devant le feu !...

Cette scène, je l'ai vécue combien de fois? L'aventure monotone de notre existence de noctambules, sans grande gloire, tourne obscurément dans le même cercle de ténèbres plus ou moins denses, plus ou moins recéleuses d'embûches. L'esprit, sevré des aspects précis du plein jour, oppressé par l'énigme de la nuit, la lenteur des heures, la lassitude physique, deviendrait vite un mécanisme inconscient, si la volonté de réagir ne le secouait pas dans sa torpeur. Alors un monde tout subjectif se crée en lui. Ne saisissant des objets que leurs fantômes, il bâtit des rapports étranges entre des lumières et des sons inconnus jusqu'alors ; il flotte, divague parfois, mais échappe, dans l'effort de sa curiosité, à l'écrasant ennui...

Uniformité, monotonie du tumulte même !...

Avec des alternatives de rages terribles et d'apaisements précaires, je n'ai cessé de voir un grand bras de feu se dresser sur Verdun ; il frappe, se dresse encore et menace toujours, malgré son recul à l'horizon. Verdun !... voilà que toutes les saisons de l'année se sont refermées en couronne sur son épreuve. Quelle ruée plus formidable piétina jamais, autour de la proie convoitée, les neiges de l'hiver finissant de 1916 ? Juin précipite sur la prise du fort de Vaux une avalanche de pluies amères comme des larmes. J'en revois le rideau funèbre qu'éclaire, par instants, un soleil flambant comme une torche. La traîtrise de la boue, du ciel brouillé, d'une lune pleurante, accompagne sans relâche la ruée du flot barbare qui vient battre jusqu'au pied de Souville. Puis août rit et brûle pendant vingt jours. Son rire cruel dessèche, crevasse la terre, enveloppe les convois d'écharpes nauséeuses. L'automne est bref; la sombre splendeur de quelques jours d'octobre et de novembre fait une apothéose à Douaumont et à Vaux reconquis, mais c'est un sol gonflé d'eau qui reflète l'incendie du ciel, la fournaise jaillie de la terre. L'embrasement éteint, un vent furieux a jeté à l'ignominie du sol la dernière parure des forêts, là où il leur restait assez de branches pour en porter les ors flambants. La terre apparaît en haillons de pauvresse; mais le froid vient de lui jeter son prestigieux manteau. Il la rend séduisante malgré elle. Il voile avec dédain la sainte misère de cette terre imprégnée de sang et d'agonie, durcit son étreinte sur une humanité tapie en elle, qui souffre en elle; et voici qu'avec la nuit apparaît toute la froide majesté du ciel, de ses étoiles, de son implacable immensité où le cri de l'homme se perd sans écho...

TABLE DES ILLUSTRATIONS

HORS TEXTE

	Pages
Montzéville, juillet 1916	FRONTISPICE
L'église de Flirey, juillet 1915	14
Le vallon de Flirey, juillet 1915	20
Une route en Woëvre, décembre 1915	36
L'ordinaire	44
Flirey, 1915	52
En Woëvre, janvier 1916	60
Flirey, 1915	70
La ferme Saint-Charles, Woëvre	80
En Woëvre, février 1916	90
Cantonnement en Woëvre, janvier 1916	96
Bivouac devant Verdun, juin 1916	108
Bivouac devant Verdun, juin 1916	116
Ravin des Clairs-Chênes, juillet 1916	124
Dombasle, 2 août 1916	128
Verdun, juillet 1916	144
Verdun, 21 juin 1916	156
Verdun, 23 juin 1916	170
Montzéville, novembre 1916	182
Bombardement sur le Mort-Homme, juin 1916	196

TABLE DES ILLUSTRATIONS

DANS LE TEXTE

	Pages
Mandres-aux-Quatre-Tours. — Fontaine dans les ruines	11
Flirey, juillet 1915	33
Halte-là !	59
Un gourbi.	87
Un gourbi.	123
Bivouac du bois Saint-Pierre.	165
Aux bois Bourrus	193

TABLE DES MATIÈRES

	Pages
Préface.	v
Arrivée	1
Près des lignes.	7
A l'aveuglette	17
Le rat.	25
La ruine	31
Routes du front	37
Nocturne	41
Raoul.	43
Au petit jour	49
Lumières dans la nuit.	57
Les bons hôtes.	61
Survint le vent du Sud	65
Jour de l'an carnavalesque	69
D'une avant-scène	73
Port-Royal de la boue	79
Quelques types	83
Litanie burlesque	101
Regards en arrière	105

TABLE DES MATIÈRES

	Pages
Ménagerie.	121
La belle au mouton.	127
Secrétaire de mairie	135
En route pour...?	143
Au bord de la fournaise.	155
Bivouacs	161
L'allée funèbre.	169
Mosaïque de blancs et de noirs	173
La neige sur le bivouac.	179
Épilogue	187
TABLE DES ILLUSTRATIONS	203

NANCY, IMPRIMERIE BERGER-LEVRAULT — JUILLET 1917

LIBRAIRIE MILITAIRE BERGER-LEVRAULT

PARIS, 5-7, rue des Beaux-Arts — rue des Glacis, 18, NANCY

Parmi les Ruines (*De la Marne au Grand Couronné*), par Gomez Carrillo. Traduit de l'espagnol par J.-N. Champeaux. 4ᵉ mille. 1915. Volume in-12 de 387 pages, broché. . . . . 3 fr. 50

Le Sourire sous la Mitraille. *De la Picardie aux Vosges*, par E. Gomez Carrillo. Traduction de Gabriel Ledos, revue par l'auteur. 1916. Volume in-12. . . . . 3 fr. 50

Au Cœur de la Tragédie. *Les Anglais sur le front*, par Gomez Carrillo. Traduction de Gabriel Ledos. 1917. Volume in-12. . . . . 3 fr. 50

Lettres pour le Filleul de l'Arrière, par Paul Abram. Préface de Paul Margueritte. 1917. Volume in-16 jésus . . . . 3 fr.

Une Visite à l'Armée anglaise, par Maurice Barrès, de l'Académie Française. 1915. Volume in-16 jésus de 120 pages . . . . 1 fr. 25

La France en guerre, par Rudyard Kipling. Traduit de l'anglais par Claude et Joël Ritt. 7ᵉ édition. 1916. Volume in-16 jésus, avec 2 photogr. . 1 fr. 50

Les Parisiens pendant l'état de siège, par Raymond Séris et Jean Aubry. Préface de Maurice Barrès, de l'Académie Française. 1915. Beau volume in-8 écu, avec 43 illustrations inédites, couverture artistique, broché. . 3 fr. 50

Carnets de Route de Combattants allemands. Traduction intégrale, introduction et notes par Jacques de Dampierre, archiviste-paléographe. — I. *Un Officier saxon. — Un Sous-Officier posnanien. — Un Réserviste saxon.* (Publication autorisée par le ministère de la Guerre.) 1916. Volume in-12, avec 16 illustrations et fac-similés d'écriture . . . . 3 fr. 50

Carnet de route d'un Soldat allemand. Avant-propos de M. Frank Puaux. 1915. Volume in-12 . . . . 60 c.

Germania. *L'Allemagne et l'Autriche dans la civilisation et dans l'histoire*, par René Lote, agrégé de l'Université, docteur ès lettres. 2ᵉ édition. 1917. Volume in-12 . . . . 3 fr. 50

L'Allemagne et le Droit des gens, *d'après les sources allemandes et les archives du Gouvernement français*, par Jacques de Dampierre, archiviste-paléographe. 1915. Volume in-4, avec 103 gravures (vues, portraits, fac-similés de documents) et 13 cartes. . . . . 6 fr.

La Guerre à l'allemande, par Jeanne et Frédéric Régamey. 2ᵉ édition. 1915. Volume in-12 . . . . 1 fr. 50

Jusqu'au Rhin. *Les Terres meurtries et les Terres promises*, par A. de Pouvourville. 5ᵉ édition. 1917. Volume in-12, avec 32 cartes. . . 3 fr. 50

En Alsace reconquise. *Impressions du Front 1915*, par Ed. Bauty, rédacteur en chef de la *Tribune de Genève*. 1915. Volume in-8, avec 10 photographies hors texte . . . . 2 fr.

L'Alsace et la France, par Chr. Pfister, professeur à la Faculté des Lettres de Paris. 1917. Brochure grand in-8 . . . . 75 c.

L'Alsace-Lorraine devant l'Histoire, par Joseph Reinach, ancien député. 1916. Brochure grand in-8 . . . . 75 c.

Devant l'Histoire. *Causes connues et ignorées de la Guerre*, par Paul Giraud, docteur en droit. 1917. Volume in-12, honoré d'une souscription du ministère des Affaires étrangères . . . . 3 fr. 50

La Vérité territoriale et la Rive gauche du Rhin, par F. de Grailly. Nouvelle édition. Préface de M. Ernest Babelon, membre de l'Institut. 1917. Volume in-12 de 432 pages. 3 fr. 50

La Mendicité allemande aux Tuileries, 1852-1870. *Avec une liste alphabétique des quémandeurs allemands*, par Henri Welschinger, de l'Institut de France. 1917. Volume in-12 . . . . 1 fr.

Le Pangermaniste en Alsace, par Jules Froelich. (1913.) 11ᵉ mille. 1915. Volume in-12, avec 16 dessins par Hansi, broché . . . . 75 c.

LIBRAIRIE MILITAIRE BERGER-LEVRAULT

PARIS, 5-7, rue des Beaux-Arts — rue des Glacis, 18, NANCY

LA GUERRE — LES RÉCITS DES TÉMOINS

La Victoire de Lorraine (24 août-12 septembre 1914). *Carnet d'un Officier de Dragons*, par Adrien BERTRAND. 20ᵉ édition, revue et augmentée. 1917. Volume in-12, avec 18 photographies . . . . 3 fr. 50

Carnet de route d'un Officier d'Alpins. 1ʳᵉ série : *Août-septembre 1914. En Lorraine. La bataille de la Marne.* 11ᵉ édition. 1916. Volume in-8, avec 6 gravures et 1 carte hors texte, broché . . . . 1 fr. 50
— 2ᵉ série : *Octobre à décembre 1914. En Argonne. Sur l'Yser. En Artois.* 1916. Volume in-8, avec 3 gravures et 3 cartes hors texte. . . . 1 fr. 50

Morhange et les Marsouins en Lorraine, par R. CHRISTIAN-FROGÉ. Préface de J.-H. ROSNY aîné. 1917. Volume in-12, avec 16 photographies et 4 cartes. . . . . 3 fr. 50

Journal de Campagne d'un Officier de ligne. *Sarrebourg. La Mortagne. Forêt d'Apremont*, par le capitaine RIMAULT. Préface de Maurice BARRÈS, de l'Académie Française. 1916. Volume in-12, avec 8 illustrations et 3 cartes, broché . . . . 3 fr. 50

La Croix des Carmes. *Documents sur les Combattants du bois Le Prêtre*, par Jean VARIOT. 1916. Volume in-16 jésus, avec 5 dessins de l'auteur. 2 fr.

Journal d'un Officier de Cavalerie. *Le Raid en Belgique. La Retraite sur Paris. La Bataille de l'Ourcq. La Course à la mer du Nord. Les Tranchées*, par Charles OUY-VERNAZOBRES. 1917. Volume in-12, avec 16 illustrations hors texte. . . . . 3 fr. 50

L'Aube sanglante. *De la Boisselle (octobre 1914) à Tahure (septembre 1915)*, par le lieutenant-colonel BOURGUET. Préface du général PERCIN. 1917. Volume in-12, avec 2 portraits hors texte. . . . . 3 fr.

En Rase Campagne 1914. Un Hiver à Souchez 1915-1916, par Jean GALTIER-BOISSIÈRE. 1917. Volume in-12, avec 17 illustr. par l'auteur. 3 fr. 50

Charleroi. *Notes et impressions*, par FLEURY-LAMURE, correspondant de guerre français du *Times* en Belgique. Préface de Gerald CAMPBELL, correspondant spécial du *Times*. 18ᵉ édition. 1916. Volume in-8, avec portrait, 2 fac-similés et 5 cartes. . . . . 1 fr. 50

Avec les Français en France et en Flandre. *Impressions vécues d'un aumônier attaché à une ambulance de campagne*, par OWEN SPENCER WATKINS, aumônier aux armées anglaises. Traduit par Henri et Jeanne DUPUIS. 6ᵉ édition. 1915. Volume in-8, avec portrait et 7 planches . 2 fr.

Six Semaines à la Guerre. *Bruxelles, Namur, Maubeuge*, par la duchesse DE SUTHERLAND. 6ᵉ édition. 1915. Volume in-8, avec 9 planches hors texte, 2 fac-similés et 1 carte . . . . 1 fr. 50

Feuilles de route d'un Ambulancier. *Alsace, Vosges, Marne, Aisne, Artois, Belgique*, par Charles LECRUX. Complétées d'après le Carnet de route du Dʳ Henri LIÉGARD. Préface de M. René DOUMIC, de l'Académie Française. 10ᵉ édition. 1916. Vol. in-8, avec 13 illustr. hors texte. 1 fr. 50

Sur le Front russe, par Stanley WASHBURN, correspondant de guerre du *Times* près les armées russes. Traduit de l'anglais par Paul RENBAUME. 1916. Volume in-8 de 160 pages, avec 25 photographies hors texte de George H. MEWES . . . . 3 fr. 50

L'Évasion. *Récit de deux Prisonniers français évadés du camp d'Hammelbourg*, par D. BAUD-BOVY. Préface de Maurice MILLIOUD, directeur de la « Bibliothèque universelle ». 1917. Volume in-12, avec 15 illustrations. 3 fr. 50

L'Épopée serbe. *L'Agonie d'un peuple*, par Henry BARBY, correspondant de guerre du « *Journal* ». 1916. Volume in-12, avec 20 illustrations hors texte et 1 carte. . . . . 3 fr. 50

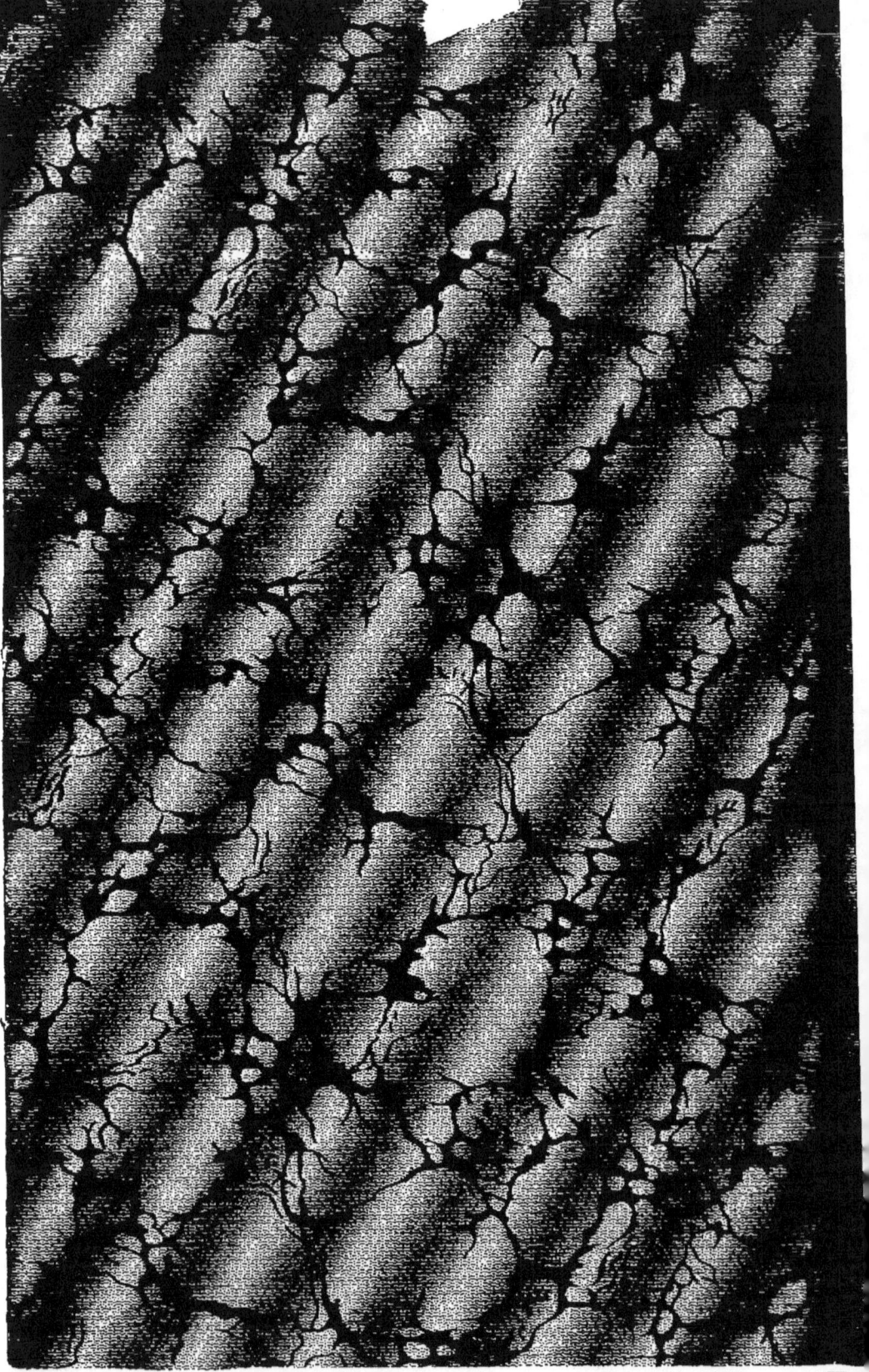

www.ingramcontent.com/pod-product-compliance
Lightning Source LLC
Chambersburg PA
CBHW050320170426
43200CB00009BA/1395